U0142097

票據簽發
與收受
Q&A

陳世雄 著

書泉出版社 印行

序 言

　　著者於 1986 年 12 月著作之「票據簽發與收受」一書，自付梓後，雖一再配合相關法令及實務見解之修正，修訂原書內容，迄 2001 年前後共有 6 版。惟囿於該書版面的定型化，及晚近實務見解變異甚大，自有再作大幅增補或刪改的必要。

　　再正如前述拙作之序言，票據法對於票據的使用，雖有明定，但因條文文字精簡，未習法者往往難於深於能即窺其堂奧，有待依票據法的規定，以較淺顯易懂文字逐一說明。本書因就實務上常見爭議，以虛擬問題例示，並將最高法院或事實審之相關判決、決議之見解，或逕予載入其內容於討論事項內，或引據於註解或附件內，俾讀者易於查考其出處。

　　其次，票據法之條文多屬抽象原則性之規定，究應如何妥適運用，學說之看法未必等同於實務之見解，由於本書撰寫之目的，旨在彰顯票據規定之通俗化，並非在學說殿堂內作研討，故僅擇較重要之爭議學說摘述。又本書重點，雖在探討票據之文義及其運用，但相關之民事訴訟法及強制執行法亦一併說明，俾讀者能有更完整概念。

　　本書計列述 100 道問題及答案，先將票據法規定之重點以「範例故事」呈現，再予探討作「說明解析」，最後則就相關規定以「法律小觀點」總結。另附錄係就實務運作之程序即相關書類之如何撰寫及提出，提供範例參酌。

陳世雄

2022年10月

目錄 CONTENTS

目錄 CONTENTS

目錄 CONTENTS

目錄 CONTENTS

Q&A

Q1 票據的種類

Q 票據都有到期日嗎？

A 匯票及本票均得填寫到期日，但支票並無到期日。

範例故事

張大於民國（下同）108年2月1日，簽發面額為新臺幣（下同）100萬元的支票1紙，向王李購買機器1台。張大唯恐所購買的機器有瑕疵，且支票上無到期日欄，故於支票特別註明：「發票日（108年2月1日）起2個月付款」，是否有效？又張大若是簽發本票，可否指定自發票日（108年2月1日）起2個月為到期日？

說明解析

票據，是指發票人簽發一定之金額，由自己或委託銀錢業者於見票時，無條件支付的有價證券。其包括匯票、本票及支票三種。又除票據法外，依金融業者參加電子票據交換規約（見附錄，第254頁到第257頁）

第2條第1款、第2款之規定，票據有電子票據及實體書面票據之分，前者指以電子方式製成之票據，包括電子支票、電子本票及電子匯票，且電子票據的發票人得採數位簽章方式簽發。至於商業習慣所經常使用的提單、倉單及保單等，雖亦廣泛使用中，但僅能稱為商業憑證，尚非票據法所規範的票據。又，國庫支票的付款人係國庫，非銀錢業者，實務見解認僅屬民法之指示證券（民710）。

匯票就付款期限言，有即期匯票（見票後立即付款）、定期付款匯票（指定期日付款）、發票日後定期付款匯票（自發票日起算，經一定期間付款）、見票後定期付款匯票（自執票人提示承兌日起算，經一定期間付款）之不同（票65I、24II）。本票之發票人依付款主體言，有一

般本票（發票人自己付款）及指定擔當付款人本票（由銀行、合作社、農漁會代為付款）之分。支票就記載之形式言，有記名式（記載受款人，又稱抬頭支票）、無記名式（不載受款人）、平行線支票（又稱劃線支票，由發票人在支票正面劃二道平行線，限制付款之主體應經財政部核准辦理支票業務的行社或農漁會等）及保付支票（支票經付款銀行記載「保付」、「照付」或其他同義字樣）。

匯票、本票除發票日外，均可另行指定到期日。但支票只有發票日，並無到期日（票 125I），且支票是限於見票時應無條件支付，此從票據法第 128 條第 1 項特別規定：「支票限於見票即付，有相反之記載者，其記載無效。」可知。

本題中，張大於支票上特別註明：「發票日（108 年 2 月 1 日）起 2 個月付款」字句時，該記載無效，執票人仍得按發票日期提示請求。又如張大是簽發本票，當然可另行指定自發票日起 2 個月為到期日。

法律小觀點

由於支票只有發票日，並無到期日，實務上皆將發票日往後填載，意即票載的形式發票日，會較實際的發票日期晚，如此一來，票載的形式發票日，無異等同於將發票日當作到期日，加以運用。

Q2　票據要式性之一

> **Q** 票據必須記載哪些事項才有效？
> **A** 票據是要式證券，也就是說票據的作成，須依照票據法第 11 條第 1 項規定應記載的事項記載，如果有欠缺，票據無效。

範例故事

趙明以經營電器行為業，民國 110 年 2 月 1 日，錢一及孫二分別持面額為新臺幣 3 萬元的本票及支票各 1 紙，前來購買電器，因票據金額不大，趙明一時不察直接收下。當晚打烊後，取出錢一及孫二交付的票據，才發覺錢一支票上的發票日雖載有 110 年 2 月，卻無確切日期的記載；而孫二的本票上，票面金額雖有孫二的印章，發票人簽章欄卻漏未簽名或蓋章，趙明不知道這 2 張票據是否有效？

說明解析

票據是要式證券，發票人簽發票據時，票據法規定有法定應記載之事項、得記載之事項，支票更另有不得記載之事項。法定應記載之事項有絕對應記載及相對應記載等事項。前者包括表明票據性質之種類（即匯票、本票或支票）、無條件支付、發票日、發票人之簽章及票據金額等，是票據上應記載之事項（票 11I、24I、120I、125I），欠缺其中一項，票據無效[1]。前 2 項文義明確，適用上並無爭議；茲就後 3 項逐一說明。

一、發票日的記載。須將發票的「年」、「月」、「日」記載完全[2]。

二、發票人的簽名[3]。票據法雖然未明定其簽名的位置，但

---

[1] 票據法第 11 條第 1 項前段規定：「欠缺本法所規定票據上應記載事項之一者，其票據無效。」
[2] 最高法院 63 年度台上字第 493 號判決。
[3] 依金融業者參加電子票據交換規約第 2 條第 3 款規定，電子票據得採數位簽章方式。

是依習慣，直式票據的左下方，或橫式票據的右下方，皆會印載發票人簽章欄，留待發票人在該空白處簽名或蓋章，因此如果發票人未在發票人欄簽名或蓋章，卻在票據記載之金額欄蓋章時，實務上認為所蓋之印章，在社會通常概念，是屬於防止塗改作用，不能認為是發票行為[4]。

三、票據的金額，應確定。如未記載一定之金額，或記載不清，難以辨識一定之金額者，其票據無效[5]。又票據法第 7 條雖規定：「票據上記載金額之文字與號碼不符時，以文字為準。」但法律上並無禁止以號碼代替文字記載事項之規定，故如果金額只記載號碼，未記載文字者，票據仍屬有效成立[6]。

票據相對應記載之事項，未記載時，如本法別有規定，仍有效（票 11I 但書）。例如，受款人姓名或商號、發票地未記載時，前者以執票人為受款人，後者以發票人的營業處、住所或居所為發票地。

本題中錢一的支票僅記載 110 年 2 月，並無載明確切日期，所簽的支票尚不生效。孫二的本票上，金額欄雖有其印章，發票人欄卻未蓋章，其發票行為自然還未完成，亦不生票據的效力。趙明應及時要求錢一及孫二將其票據補充記載完全，以免票據無效，日後徒增爭議。

法律小觀點

雖然欠缺票據上絕對應記載之事項，是無效票據，但如果是發票人授權他人代為記載完成時，該票據於交付後仍有效[7]。

---

[4] 最高法院 68 年台上字第 1751 號判例。
[5] 同註 2。
[6] 最高法院 89 年度台抗字第 437 號裁定。
[7] 最高法院 97 年度台簡上字第 15 號判決：「票據上應記載之事項，非不得授權他人為之。」

Q3 票據要式性之二

Q 執票人本於票據行使追索權時，除票款外，還可請求遲延利息嗎？

A 可以。

範例故事

趙明因出售電器，於民國 110 年 2 月 1 日，取得孫二簽發之同年 3 月 1 日到期，面額為新臺幣 3 萬元的支票 1 紙，嗣趙明於同年 3 月 15 日提示，竟遭退票。趙明於 110 年 5 月 1 日起訴請求孫二給付票款 3 萬元外，可否同時請求遲延利息？又如何請求及該遲延利息如何起算？

說明解析

票據之得記載事項，是指應記載事項以外，其他得記載之事項，未填寫時，不影響票據的效力。例如，發票人得記載應付之利息及利率，利率未載明時，定為年利 6 釐，利息自發票日起算（票 28、124）；亦得記載有無擔當付款人（票 26I、49I、124）。再依票據法第 28 條第 1 項之規定，當事人間除了所約定應付之利息外，另有遲延利息計算之記載時，仍屬有效[1]。

其次，票據上記載本法所不規定之事項者，不生票據上之效力[2]，例如，以「前祭祀公業○○○管理人甲」之記載而為背書，該記載中「前祭祀公業○○○管理人」之記載，乃票據法上所不規定之事項，不生票據上之效力[3]。

又發票人應照支票文義擔保支票之支付；執票人向支票債務人行使追索權時，得請求自為付款

---

[1] 臺灣高等法院 107 年度非抗字第 119 號裁定。
[2] 票據法第 5 條、第 12 條。
[3] 臺灣新竹地方法院 86 年度簡上字第 167 號判決。

提示日起之利息，如無約定利率者，依年利 6 釐計算[4]。

本題中，支票執票人趙明於 110 年 3 月 15 日為付款之提示，依票據法第 133 條規定，孫二應自 110 年 3 月 15 日起負遲延利息責任。所以，趙明可請求孫二給付上揭票面金額 3 萬元，及自 110 年 3 月 15 日起至清償日止，按年利 6 釐計算之利息。

法律小觀點

票據債務人與執票人均未約定應付之利息及利率時，如果債務人是簽發票據來借款，執票人起訴請求票據債務人給付票款，應比請求返還借款，較為有利。因票據的法定利率是年利 6 釐，利息自提示日起算；民法的法定利率僅年利 5 釐，利息自受催告日之翌日起算（民 203）。

---

[4] 票據法第 126 條、第 133 條。

Q4 魚歸魚，蝦歸蝦：票據文義性

> **Q** 什麼是票據文義性？
>
> **A** 票據具文義性，票據債務人（發票人或背書人）所負的責任，完全依照票據上所記載文義內容而定。

範例故事

張甲在民國 110 年 2 月 2 日，簽發同年 5 月 1 日到期，面額各為新臺幣 5 萬元的 2 張本票，向陳乙調現。陳乙當場僅先交付現金 5 萬元，餘款約定翌日交付。不料，張甲翌日前往取款，陳乙不但避不見面，並持該 2 張本票向王丙購物。張甲可否於王丙請求票款時，主張陳乙餘款迄未付清，而僅須負 5 萬元票款之責任？

說明解析

票據的主要性質，除了要式性外，尚有文義性、無因性、獨立性及占有性，以下依序分別舉例說明。

票據是文義證券，票據的發票人或背書人所負的清償責任及付款時間，完全依照票上所記載的內容而定。亦即，票據上之權利義務，基於外觀解釋原則（由票據記載的形式觀察，例如發票日記載 110 年 5 月 1 日，即認定係該日期發票。縱實際有誤，仍不影響）與客觀解釋原則（票上文義客觀判斷），悉依票上記載之文字以為決定，不得以票據以外之具體、個別情事資為判斷基礎，加以變更或補充不同。例如，票據的背書人與銀行約定：「本表所列票據確係經本人（公司）背書讓與貴行現在及將來所負一切債務之擔保，任由貴行提兌或處分絕無異議」等語，依此文義之記載，系爭支票之權利於交付時已移轉予銀行，而所立移轉權利約定之目的，乃在於供銀行對背書人之債權擔保，則本件背書之性質屬權利轉讓背書，以

供擔保目的用。

又因票據上之權利義務悉依該票據所載文義定之，與其基礎之原因關係各自獨立。票據上權利之行使，不以其原因關係存在為前提。執票人行使票據上權利時，於訴訟中，只須就該票據作成之真實負證明之責，就其基礎之原因關係確係有效存在，並不負舉證責任[1]。

故票據債務人未經持票人同意，不得任意以票據記載事項以外的事由，變更或補充票據上權利義務關係[2]，亦不得以其他立證方法變更或補充其文義。因此，票據上應記載事項完成後，即應依票上所載文義負責。

本題中，張甲與王丙並非直接當事人，而王丙既係因出售物品給陳乙後才取得票據，自有正當權利，張甲仍應依照票據文義內容，即所載金額 10 萬元負責，不得以陳乙付款不足之事由，變更票款責任為 5 萬元。

法律小觀點

基於票據之文義性，票據債務人所負責任之範圍，既以票據內上所載之內容為準。票據債務人如認有日後可留待抗辯的，自宜事先另以書面記載清楚彼此的權利義務關係，但即或如此，如果第一執票人嗣又轉讓不知情之第二執票人時，依票據法第 13 條前段之規定，票據債務人仍不得以自己與發票人或執票人之前手間所存抗辯之事由，對抗執票人。

---

[1] 最高法院 108 年度台簡上字第 15 號判決。
[2] 最高法院 49 年台上字第 1340 號判例。

總則篇

Q5 票據文義性原則之例外

Q 票據債務人有無可拒絕依票據上所記載文義負責的情形？

A 票據債務人有抗辯的事由時，可以拒絕依票據上所記載文義。

範例故事

承 Q4，如果陳乙自始未轉讓票據給第三人，張甲於陳乙持票請求給付票款時，可否拒絕付款？又如果王丙知悉陳乙未依約定交款給張甲之事，卻受陳乙之委託，故意受讓票據，並持之向張甲請求，張甲能否拒絕付款？

說明解析

票據債務人所以應依票據記載文義負責，是為保障善意之執票人，以維護票據之流通性。但在票據授受之直接當事人間，就票據記載外所存在之事項，發生抗辯之事由（例如因售貨而取得票據，嗣後未交貨），發票人就能主張該事由為抗辯。

又票據法第 13 條規定：「票據債務人，不得以自己與發票人或執票人之前手間所存抗辯之事由，對抗執票人。但執票人取得票據出於惡意者，不在此限。」所謂惡意，指執票人明知票據債務人對於發票人或執票人之前手間，有抗辯事由存在而言。執票人取得票據有無惡意，以執票人取得票據時為準，決定其是否惡意，並應由票據債務人負舉證責任[1]。

另，票據法第 14 條規定：「以惡意或有重大過失取得票據者，不得享有票據上之權利。無對價或以不相當之對價取得票據者，不得享有優於其前手之權

---

[1] 最高法院 72 年度台上字第 1612 號、95 年度台上字第 2862 號判決。

利。」第 1 項所謂「惡意或有重大過失」取得票據者，是指明知或可得而知轉讓票據之人，就該票據無權處分而仍予取得者而言[2]。如從有正當處分權人之手，受讓票據，係出於惡意時，僅生票據法第 13 條但書所規定，票據債務人得以自己與發票人或執票人之前手間所存抗辯事由對抗執票人而已。亦即，第 14 條第 1 項在規範執票人之前手係無處分權之人；第 13 條但書在規範執票人之前手係有正當處分權人。第 2 項「無對價」指未支付取得該票據之代價；「以不相當之對價」，指取得票據時，所提出之對價於客觀上其價值不相當者[3]。「不得享有優於其前手之權利」，指前手之權利如有瑕疵（附有抗辯），則取得人即應繼受其瑕疵（債務人可抗辯）；而如前手無權利時，則取得人更不能取得請求權[4]。本題中，張甲與陳乙為直接當事人，所以張甲可於陳乙請求時，主張前述事由，拒絕付款，不受文義拘束。又王丙既然知悉陳乙未依約定交款給張甲之事，卻仍受陳乙之委託，故意受讓票據，屬惡意取得票據之人，張甲同樣可以拒絕付款。

法律小觀點

> 票據轉讓給善意第三人時，票據之直接抗辯會被切斷。

---

[2] 最高法院 78 年度台上字第 2262 號判決。
[3] 最高法院 109 年度台上字第 2165 號判決。
[4] 最高法院 109 年度台簡上字第 29 號判決。

Q6 票據文義之舉證

Q 執票人有無票據的請求權，應由執票人或票據債務人負責舉證？

A 執票人不須對給付原因負證明責任。

範例故事

王大向法院起訴，主張陳一簽發經陸三背書發票日為民國 110 年 5 月 1 日，面額新臺幣 5 萬元的支票，經提示均未獲付款，因此請求陳一給付票款 5 萬元及附加法定遲延利息等。陳一卻認為該支票係與第三人陸三賭博而簽發，是陸三勾串王大，故意將該票據轉讓給王大，由王大提出訴訟。本案應由何人負責舉證有無票據的請求權？

說明解析

票據行為是不要因行為，就舉證責任而言，執票人僅須證明其所持有之票據，是合於票據法規定要件之有效票據即可。例如，主張發票人簽發本件票據之事實，已提出支票及退票理由單影本為據，發票人對該支票之真正，也未加爭執，執票人的舉證責任即已完成。至於取得票據之原因是出於買賣、贈與或其他理由，執票人對於給付原因均不須負證明責任。

但票據債務人如果主張執票人取得票據有出於惡意或詐欺等不當或不法原因之情事時，則應由債務人負舉證之責[1]。換句話說，執票人本於票據關係請求票據債務人給付票款，已提出真正有效之票據以為立證方法時，自應認為執票人就票據給付請求權發生所須具備之特別要件，已負舉證之責。此時，票據債務人就自己與執票人間存有票據法第 13 條、第 14 條等抗辯事由時，應由票據債務人就該抗辯事由存

---

[1] 最高法院 78 年台上字第 2262 號判決。

在之事實負責舉證[2]。

本題中，陳一既然不否認支票為真正，雖其主張是由於賭博而交付，再由陸三與王大勾串，但此為陸三及王大所否認。陳一如果不能再進一步舉證其主張的真實性，就應認定王大依據票據關係之請求，是合法有效，王大的主張為有理由。

法律小觀點

由於要證明執票人有惡意取得票據之情事，舉證上未必容易，故票據債務人為了保有直接抗辯權利，除了可以書面約定其能抗辯之事由外，不妨於交付票據時，記載禁止背書轉讓（請參閱 Q35、Q36），才能根本解決此種舉證困擾。

---

[2] 最高法院 108 年度台簡上字第 15 號判決。

只談現在，不論過去：票據無因性

Q 票據可作借貸之證明嗎？

A 不可以。簽發票據的原因很多，持有票據未必是出於借貸關係。

範例故事

蔡志在民國 110 年 7 月 1 日向段玉借款新臺幣 15 萬元，並簽發同年 12 月 31 日到期，華僑商業銀行臺中分行面額 15 萬元的支票交付段玉。因為蔡志已簽發支票，所以段玉並未要求另立借據，不料支票到期後，段玉向銀行提示竟遭退票，而蔡志又不出面解決，於是段玉向法院起訴，請求蔡志應清償借款，並以支票為證，段玉是否能獲得勝訴？

說明解析

票據是無因證券，也就是說票據權利與簽發票據的原因是分開獨立的。發票人簽發支票的原因，可能是基於贈與、買賣、借貸、清償、保證等許多情形，而支票權利又與原因關係無涉，所以執票人行使票據上權利時，只須就該票據作成之真實負證明之責，關於票據給付之原因，並不負證明之責任[1]。於此情形，票據債務人依票據法第 13 條規定反面解釋，以自己與執票人間所存抗辯之事由，對抗執票人仍應就其抗辯之原因事由，先負舉證責任，才能貫徹票據無因性及流通性之本質。至於，執票人在確認票據債權不存在之訴訟中，須依民事訴訟法第 195 條及第 266 條第 3 項之規定，雖負真實完全及具體化之陳述義務，惟尚不因此而生舉證責任倒置或舉證責任轉換之效果[2]。簡言之，即或票據權利的原因關係有自始不

---

[1] 最高法院 64 年台上字第 1540 號判例。
[2] 最高法院 107 年度台上字第 1647 號判決。

存在、無效或有撤銷之情形，執票人仍可行使票據上的權利，學說上有以票據行為的抽象性稱之[3]。

其次，民事訴訟程序進行中的當事人自認，固然可生證據形式真實的效果，法院應受其拘束，以該自認事實作為裁判之基礎。但是，縱使執票人就發票人起訴主張之支票形式真正，完全自認，基於票據無因性，實務見解仍認為不可以僅憑執票人對該票據形式真正之自認，即認定發票人與執票人間簽發與交付票據的原因是二者間有借貸之合意及交付借款之事實。本件如果並無書面借據，僅憑支票所載，不能認定簽發票據的原因就是有借款的存在[4]。

本題中，段玉如果無其他證據證明確有借貸關係，僅憑支票作為借貸之證據，如果蔡志否認時，段玉的請求會遭到法院判決駁回。

法律小觀點

民事訴訟有句名言：「舉證之所在，就是敗訴之所在。」意謂在民事訴訟程序進行中，要證明對己有利之事項，未必容易。因此，就段玉僅持有支票作證物的觀點來看，段玉應直接起訴請求票款，不應起訴請求借款（兩者法律關係不同）[5]。

---

[3] 鄭玉波著，《票據法》，三民書局，2003 年，頁 32。
[4] 最高法院 105 年度台上字第 2195 號裁定。
[5] 最高法院 90 年度台上字第 8 號判決。

總則篇

Q8　牽一髮而動全身：票據獨立性

Q 限制行為能力人所簽發的票據，會影響票據上其他背書效力嗎？

A 不會。即使發票的行為無效，也不影響票據上其他人背書的效力。

範例故事

蔡平在民國 110 年 1 月 3 日，向呂興購買 1 台價值新臺幣 5 萬元的摩托車，蔡平除當場交付現金 3 萬元外，餘款 2 萬元則簽發同月 15 日到期的本票交由呂興收受。隨後呂興便將該本票背書轉讓與丁波抵債。

本票到期後，丁波即前往蔡平家中要求給付票款。不料，蔡平之父蔡銅表示：「蔡平年僅 17 歲，事先並未徵求其同意購買機車，該本票不生效力。」於是，丁波持票轉向呂興催討，呂興卻表示本票來自蔡平，丁波應向蔡平請求，如認蔡平的本票無效，那自己背書的效力當然亦隨之無效，可不須負責。

蔡銅、呂興 2 人的抗辯是否有理？

說明解析

票據行為固然是法律行為的一種，但具有其特殊的性質。例如，票據行為均各自獨立，任一票據行為（如發票行為）無效或撤銷時，其他票據行為（如背書、承兌、保證），仍獨立生效，不受影響。因為票據是流通證券，如果執票人於收受票據時，須查明票據上的各種票據行為，是否生效，不但費時，而且對於執票人也沒有保障，有礙票據的流通。

因而，票據法第 8 條規定：「票據上雖有無行為能力人或限制行為能力人之簽名，不影響其他簽名之效力。」即是針對票據的獨立性予以明定。所謂行為能力，指自己所作的行為，在法律上能夠完全生效者。

無行為能力人，指未滿 7 歲人

（民 13I）或因精神障礙或其他心智缺陷，致不能爲意思表示或受意思表示，或不能辨識其意思表示之效果者（民 14I）。這兩種人的行爲在法律上皆不生效（民 75）。

限制行爲能力人，指 7 歲以上的未成年人（民 13II）。限制行爲能力人未得法定代理人的允許，所訂立的契約，須經法定代理人的承認，才生效力，在未被法定代理人承認以前，屬於效力未定狀態，也就是說其效力不明（民 79）；而所爲的單獨行爲，例如簽發票據，則自始不生效力（民 78）。

本題中，蔡平年僅 17 歲，是限制行爲能力人，他簽發票據時，如果沒有獲得法定代理人（蔡銅）的同意，他的發票行爲不生效力。但呂興既已在本票上背書，依照前述規定，其仍應負背書責任。

法律小觀點

發票行爲之無效，有無包括不法原因取得票據之情形。例如，甲因爲簽賭六合彩而簽發 5 萬元支票予乙後，可否拒絕付款？而若甲同意乙之要求，並另行簽發 4 萬元支票予乙，結果又有無不同？實務上認爲，賭博乃法令禁止之行爲，不得因賭博而取得任何債權。縱使發票人同意以新票據清償舊票款，而負擔新票據債務時，亦屬脫法行爲，執票人仍不能因而取得新票款之請求權[1]。

---

[1] 最高法院 44 年台上字第 421 號判例。

Q9 票據就是護身符：票據占有性

> **Q** 持票人沒有票據原本，只憑影本，可以起訴請求票款嗎？
>
> **A** 不行。持有票據原本，才能證明是票據的權利人，除非債務人不爭執。

範例故事

戴偉在民國 110 年 8 月 1 日向丁昌借款新臺幣 10 萬元，並簽發同年 12 月 30 日到期的 10 萬元本票予丁昌。丁昌收受後轉交文雄。本票到期後，文雄想要求戴偉兌現款項，卻遍尋不著那張本票，也不記得原來放在何處或是遺失了，為避免日久生變，因此文雄想憑本票的影本向戴偉請求票款，是否可行？

說明解析

票據具無因性、提示性、繳回性及占有性。其中，占有性指行使票據上的權利與占有票據間，在票據法上有不可分離的關係；因票據是流通證券，可以自由轉讓，所以執票人行使權利時，不但應提示票據，證明是票據的占有者，而且在受領後，也須返還該票據，否則票據債務人可以拒絕給付，不須負遲延給付責任。

執票人持有之票據如果是本票時，依票據法第 123 條之規定，固然可以不經訴訟程序，直接向法院聲請本票准許之裁定，並於取得准許執行之裁定後，聲請執行。

但須注意的是，在聲請本票許可強制執行時，原則上須向法院提出該本票之原本，才足以證明是該票據之合法占有人、權利人。並於取得本票許可強制執行之裁定後，該裁定才屬於強制執行法第 6 條第 1 項第 6 款所稱得為強制執行名義之證明文件。例外的是，依民事訴訟法第 565 條第 1 項之規定，有除權判決後，聲請人對於依證券（票據）負義務之人，得主張證券（票據）上

之權利，則宣告證券（票據）無效之除權判決，可使聲請人取得持有證券（票據）人之同一地位，並有代聲請人持有證券（票據）之效力，該聲請人即與持有證券（票據）相同，於此情形，該聲請人自得以除權判決據以聲請強制執行，以替代該本票[1]。

本題中，文雄無法證明持有該票據，是合法占有人，自然不可以對戴偉請求票款。但如果有因遺失票據而取得除權判決之情形，依前述，仍符合票據占有性之法理，仍得請求法院許可強制執行。

法律小觀點

執票人如果喪失票據時，在沒有回復占有以前（如尋回票據），除了已經依照規定，辦妥公示催告（請參閱 Q24、Q25），以及提供擔保要求票據債務人先支付金額外，不可以對於票據債務人行使票據上權利[2]。

---

[1] 最高法院 51 年度台上字第 2343 號裁定。
[2] 最高法院 98 年度台抗字第 710 號裁定。

Q10 大家一齊來：共同簽名的效力

Q 共同發票的票據退票了，可請求的對象有哪些人？

A 可向共同發票人全體或其中較有資力者請求。

範例故事

吳名打算向臺灣銀行借款新臺幣 40 萬元，臺灣銀行表示吳名應另覓 2 人作保。因此，吳名在簽發面額 40 萬元的支票及請其友人姚一和鄭二在該支票上第 2、第 3 發票人處簽名後，將支票交付臺灣銀行而借得 40 萬元。

不料，支票到期時，吳名無力清償借款金額，臺灣銀行乃向鄭二求償。鄭二卻表示，當初自己簽名的用意僅為作保，真正的借款人是吳名，債權人當然應該先向吳名催討及強制執行，等執行後確定尚有不足額時，才可向共同擔保人請求分擔，不應只針對他 1 人請求。鄭二的辯解是否有理？

說明解析

發票人應照支票文義擔保支票之支付（票 126），而 2 人以上在票據共同簽名時，應連帶負責（票 5II）。所謂連帶負責，是指共同在票據上簽名之人皆立於債務人地位，對於債權人各負全部給付票額的責任，並非平均負擔，又稱為連帶債務[1]。執票人即債權人對於連帶債務人，可依下列方式求償[2]：

一、就請求對象言。債權人可以選擇向債務人中較有資產的 1 人或部分債務人，或者是全體債務人請求。

二、就請求時間言。債權人可以同時向各債務人請求，也可以先向債務人中的 1 人請

---

[1] 民法 272 條第 1 項規定：「數人負同一債務，明示對於債權人各負全部給付之責任者，為連帶債務。」

[2] 民法第 273 條規定：「連帶債務之債權人，得對於債務人中之一人或數人，或其全體，同時或先後請求全部或一部之給付。連帶債務未全部履行前，全體債務人仍負連帶責任。」

求，尚有不足時，再向其餘債務人請求。

三、就請求金額言。債權人可以向任一債務人請求給付全部或一部的金額。因此在連帶債務還沒有全部清償前，全體債務人仍負連帶責任。

要注意的是，在票據簽名者，固然應負擔票據責任，至於該票據之帳戶自始是否爲發票人所有，皆不影響發票人的責任[3]。也就是說，未在票據上簽名者，縱使是他人借用自己的空白票據，如果自始沒有空白授權他人簽發的情事，仍然不負支付責任。例如，甲將其帳戶的支票借予乙簽發，如果甲並未在票上簽名，自不負票據責任，而乙既然是發票人，並已簽名於票據上，縱使該支票之帳戶，非其名義所有，仍然應負發票人責任。

本題中，姚一及鄭二既然已在票據上發票人位置簽名，便成爲共同發票人，依法應連帶負責（票 5II）。因此，臺灣銀行認爲鄭二是連帶債務人，且較有資產，直接向鄭二請求給付全部金額，完全合法，鄭二的抗辯是無理由的。

 法律小觀點

> 在票據上簽名的人，應依票上所記載的文字內容負責（票 5I）。所以，對於執票人而言，於受讓票據時，要求增加發票人或背書人，較能保障日後的求償。

---

[3] 最高法院 50 年台上字第 2683 號、69 年台上字第 725 號判例。

Q11 掛萬漏一：發票時，金額欄漏載「元」或「圓」的效力

> **Q** 發票人在金額欄漏載「元」或「圓」，會影響請求效力嗎？
>
> **A** 會。

範例故事

陳中於民國 110 年 1 月 8 日簽發同年 2 月 8 日到期，臺中市第一信用合作社的支票 1 張給李文時，金額欄雖記載有「5 萬 5500 百」的字樣，卻漏未記載「元」或「圓」字，李文收受時亦未察覺。支票到期後，李文取出支票欲前往合作社提示，才發覺支票金額欄有漏載的情形，李文不知道該支票是否仍然有效？

說明解析

支票是支付證券，可以代替現金，為了避免票上金額的不明確，滋生許多糾紛，所以票據法規定，支票應記載一定的金額，否則即為欠缺法定應記載事項。支票金額應如何記載，才算明確？例如，金額記載為「2000元正」當然非常明確；而如記載成「2000元至3000元」字樣時，並不明確，也不行。但假如表明支票上金額的文字，卻漏載了幣值單位，也就是「元」、「角」時，是否影響票據的效力？

實務見解有肯定說及否定說。前者認為，如果大寫金額未記載幣值單位，但阿拉伯數字已標明清楚，自具備法定必要記載事項而有效[1]；後者則認為新臺幣幣值有「元」、「角」、「分」，未記載自不明確，已欠缺法定方式，已足影響票據效力[2]。

學說亦有肯定說及否定說之

---

[1] 實務上最初認為有效者，最高法院 58 年度台上字第 1599 號、58 年度台上字第 2304 號判決。
[2] 但嗣認為無效，有最高法院 60 年度台上字第 805 號、60 年度台上字第 2925 號判決。

分。前者認為，大寫金額未記載幣值單位，但與號碼數字相符時，基於票據外觀解釋原則（自票據所載之文字及號碼觀察有無不符，以決定其效力）、票據客觀解釋原則（票據文義不必拘泥於所載文字解釋，一般法理、習慣及誠信原則，亦有支配力）、票據有效解釋原則（解釋票據行為，應盡量使其有效，俾助長票據之流通與保護交易之安全），應認為具備法定必要記載事項而有效[3]；後者認為未載新臺幣、美金等貨幣種類或「萬」、「元」等貨幣單位，即不符合一定金額之要求明確，欠缺絕對必要記載事項，已足影響票據效力[4]。

本書亦採否定說。因貨幣單位未記載，確有文字不明確之情形，已欠缺絕對必要記載事項，影響票據效力。

本題中李文收受的支票，金額欄既未記載「元」字，自未記載完整，影響票據效力。

法律小觀點

有在票據上簽名者，才負票據責任。所以，如果執票人持這類文字漏載的支票提示，付款行社亦會以文字不清為理由，予以退票。因此，為免事後徒增困擾，執票人在收受票據時，最好檢查票據是否已經記載完整，如有漏載，應當場就請發票人補充完整。

---

[3] 梁宇賢著，《票據法實例解說》，頁 46-48。
[4] 王志誠著，《票據法》，元照，2020 年 9 月，頁 125。

Q12 我出錢，你出力：有權代理

Q 票據可以委託代理簽發嗎？
A 可以。

範例故事

王明是正光貿易有限公司的董事長，並聘張啓擔任公司經理。民國110年6月10日正光貿易有限公司向華山工藝社購買布娃娃1批，價值新臺幣20萬元，而由張啓簽發同年8月15日，面額20萬元的支票1張交付給華山工藝社作為貨款，票據上除蓋有正光公司印章，並緊接在圖記下加蓋其經理名章。不料，同年8月1日正光公司因週轉困難結束營業，致華山工藝社於支票到期提示時，遭到退票。於是，華山工藝社以王明及張啓為被告，向法院起訴請求票款，是否合理？

說明解析

本人未親自簽發票據，而授權他人代為，他人在本人的授權範圍內代理簽發票據，即是有權代理。有權代理依其有無記載本人名義之形式，有顯名代理與隱名代理之分。

顯名代理，是指代理人簽發票據時，已載明：一、本人名稱，以便明瞭何人才是發票人。但本人名稱不以加蓋本人印章或圖記為必要，即或僅代簽本人名義仍生效[1]；二、代理人姓名。此指代理人簽名或蓋章於票據上。所以在為公司行號代理簽發票據時，除公司行號印章外，亦會有代理人之私章；三、代理本人意旨，例如載明代理人某某。因此，代理人未載明為本人代理之旨，而簽名於票據者，由於不易判斷有無代理的情形，原則上應自負票據上的責任（票9）。

但所謂載明為本人代理之旨，

---

[1] 最高法院49年台上字第2434號判例。

除如前述明確記載代理意旨情形外，如僅記載本人及代理人姓名，但並未記載代理之本旨即隱名代理之情形時，實務見解就此係從寬認定，以票據法並未規定為本人代理之記載方式，所以代理人在代理權限內，以本人名義蓋章，並自行簽名於票據時，縱使未載有代理人字樣，而由票據全體記載方式及社會觀念可以判斷有代理關係者，還是可以認為係代理簽發票據[2]，僅由本人負責，代理人不須同負票據責任。例如，公司內部規定簽發票據時，除應有其負責人印鑑外，尚應有公司之會計或監察人印章，則縱該會計或監察人於票據上蓋章時，並未記載代理之意旨，會計或監察人仍不得認定係共同發票人[3]。

本題中，張啓雖未在票據上載明是公司代理人，但經理人依法既有權為商號管理事務及為商號簽名（民553），而就張啓所簽發的的票據來看，其私章緊接在公司圖章之下，依社會觀念應可以認定張啓是以代理人身分蓋章[4]，自然不須負票據責任。

另，王明既未在票據上蓋章，當然亦不須負責（發票人為公司，並非個人）。因此，華山工藝社的請求是無理由的。

法律小觀點

票據無論由發票人親自簽發，或本人授權由他人代理，都應有交付的意思，如果尚未交付（例如遭竊），票據的權利並未發生。換言之，交付是票據生效要件，實際簽發交付前，其發票行為尚未完成，票據上權利於法律上並不存在[5]。

---

[2] 最高法院41年台上字第764號判例。
[3] 最高法院69年度台上字第3941號判決。
[4] 臺灣新竹地方法院96年度簡上字第25號判決。
[5] 最高法院108年度台上字第1635號判決。

Q13 信任就要付出代價：表見代理

> **Q** 某公司向來由會計簽發公司票據，而董事長也習慣將公司印章及支票簿交給會計保管，如果會計擅自簽發票據，董事長可以主張其並未授權而拒絕付款嗎？
>
> **A** 不行。上述情形會構成表見代理。

範例故事

郭政在丁勇經營的工業社任職會計，平時除登載帳目外，並承丁勇之命代為填發票據。某日，丁勇至外地接洽生意，於是將印章及支票簿交由郭政保管。不料翌日，正巧發生李寶到公司向郭政討債，郭政乃以丁勇的名義簽發支票交付李寶。嗣丁勇知悉後表示，其未曾同意郭政簽發該票據，打算拒絕給付該支票的票款，丁勇的想法是否合理？

說明解析

未經本人授權，而以代理人名義，在票據上簽名時，就是無權代理，依法應由該無權代理人自負票據的責任（票 10I），本人無須負責。例如，甲未經乙的授權，而以乙的代理人名義簽發支票時，甲應自負票據責任，乙則不負責任。

表見代理是指代理人雖無代理權，因有可信其有代理權之正當理由，遂由法律課以授權人責任之謂，而代理僅限於意思表示範圍以內，不得為意思表示以外之行為，故不法行為及事實行為不僅不得成立代理，且亦不得成立表見代理[1]。

票據法就表見代理並未規定，但民法第 169 條規定：「由自己之行為表示以代理權授與他人，

---

[1] 最高法院 55 年台上字第 1054 號判例。

或知他人表示為其代理人而不為反對之表示者，對於第三人應負授權人之責任。但第三人明知其無代理權或可得而知者，不在此限。」故如有表見代理之情形而簽發票據者，自仍有民法第 169 條規定之適用。所以，本人應負表見代理之責任，必須有表見事實之外觀存在，才合於表見代理之要件。

因此如果代理人雖然無代理權，而因本人表示過某種行為或消極的不做一定行為，致使第三人誤信本人確實有授權時，則會構成表見代理。此時，本人對於不知情的第三人應負授權人的責任[2]。

本題中，丁勇將支票簿與印章交付郭政保管，而且曾囑託郭政代他簽發支票，容易讓第三人相信郭政曾獲得授權，依法自應負擔票據責任[3]。因此，除非丁勇能夠證實李寶事先即知道郭政無代理權，或有可能知道郭政無代理權，否則丁勇是沒有理由拒絕付款的。

法律小觀點

下列二種情形，均屬表見代理：一、本人自己的行為表示以代理權授與他人，實際則未授權。例如，向他人表示乙有代理權，嗣乙以甲代理人名義簽發票據給不知情的丙，甲須負票款責任；二、本人知他人表示其代理人，而不做反對的表示，但實際並未授權。所謂「知他人表示為其代理人而不為反對之表示」，以本人實際知其事實為前提，例如，乙自居甲代理人簽發支票予丙，甲當時在場，卻不否認乙無代理權，甲須負票款責任。

---

[2] 最高法院 44 年台上字第 1428 號判例。
[3] 最高法院 68 年台上字第 1081 號判例。

Q14 說一豈可作二：越權代理

> **Q** 代理人超越授權範圍所簽發的票據，被代理人可否拒負票款責任？
>
> **A** 被代理人應否負責全部票款，應視執票人是否知情而定。

範例故事

林華為正新家具有限公司董事長，因生意上需要，授權該公司經理楊雄在新臺幣 30 萬元範圍內代為簽發支票。不料，楊雄竟簽發 40 萬元的支票給不知情的宋光。林華可否主張該公司僅負 30 萬元的票款責任？

說明解析

委任，是當事人約定，一方委託他方處理事務，他方允為處理之契約；受任人處理事務，應依委任人之指示，在委任之範圍內處理委任的事務有過失，如有因逾越權限之行為所生之損害，對於委任人應負賠償之責[1]。委任係委任人與受任人間內部關係，與受任人因受委任人授與代理權而與第三人間之法律關係屬外部關係不同。受任人逾越其代理權範圍與第三人為法律行為，即屬越權代理或無權代理。

換言之，代理人應在本人授權範圍內，執行其代理行為，才合乎代理本旨。如果代理行為逾越本人授權的範圍時，則成為越權代理。越權代理又有數量上越權與性質上越權之分。前者例如，本人僅授權 1 萬元範圍內簽發票據，代理人卻簽發 5 萬元的票據；後者例如，本人僅授權代收票據，代理人卻在票據上背書。越權代理的方式可分兩種：

一、代理人除簽署本人名義，自己並曾簽名。例如，乙應代理甲簽發 1 萬元的票據，實際卻簽發面額 3 萬元的票據，票據上並有載明本人

---

[1] 民法第 528 條、第 535 條、第 544 條。

甲，代理人乙字樣。則此時代理人乙既已逾越權限，就逾越權限外的 2 萬元部分，應自負票據上責任（票10II），甲僅負擔 1 萬元。

二、代理人自始僅簽蓋本人名稱，並無自己的簽章。如前例，乙僅獲授權 1 萬元，卻簽發 3 萬元的票據，而票據上僅有甲的名稱印章，並無乙的簽章。此種情形，因代理人乙未曾簽名於票據，依票據法第 5 條的反面解釋，自然不須負責。至於本人甲應否負責全部票款，則應視第三人是否知情而定，意即本人對代理人的限制，如為第三人所不知時，自然仍須負責全部票款，而如第三人知悉有此限制時，則僅就授權範圍內的票款負責[2][3]。

此外，票據法第 10 條第 2 項規定：代理人逾越權限時，就其權限外之部分，應自負票據上之責任。係指代理人逾越權限以代理人名義簽名於票據之情形而言。如代理人未載明為本人代理之旨，逕以本人名義簽發票據，即無上開規定之適用。如果本人未能證明執票人取得票據時知悉代理人逾越權限之情事，仍應負擔票據責任[4]。

本題中，支票既為正新家具有限公司名義，楊雄並未簽名於票據，而林華對楊雄代理權的限制，第三人宋光又不知悉，林華自然仍須負擔全部票款 40 萬元之責任。至於林華的損失，可另向楊雄請求賠償，則屬兩人間內部關係，與第三人無涉。

法律小觀點

授權他人代簽票據，本人於票據完成後，最好再委託相關權責人員核對是否與本人真意相符，或與執票人立具書面約定，否則要證明第三人知情，並不容易。受任人逾越其代理權範圍與第三人為法律行為時，雖構成越權代理或無權代理，但可因委任人事後之承認而對委任人發生效力。

---

[2] 最高法院 51 年度民刑庭總會決議。
[3] 最高法院 51 年台上字第 1326 號判例。
[4] 最高法院 108 年度台上字第 1038 號判決。

Q15 無權代理

Q 無代理權而簽發票據時，票據有效嗎？

A 應由無權代理人自負責任。

範例故事

范書原爲中央股份有限公司之董事長，該公司於民國 110 年 6 月 15 日向張力購買新臺幣 20 萬元之貨物，並約明於同年 6 月 30 日交貨時付款。張力依約交貨後，范書因事忙未立即付款。不料，該公司於 110 年 7 月 1 日舉行董事會及改選董事長，由關信當選並於同日接任，並向主管機關辦理變更登記。張力於 110 年 7 月 2 日聽聞此事，於是要求范書付款，范書認爲是自己造成延誤，仍於 110 年 7 月 2 日交付其以中央公司負責人名義簽發之支票給張力，張力可據此向中央公司或范書請求給付票款嗎？

說明解析

票據法第 10 條第 1 項規定，無代理權而以代理人名義簽名於票據者，應自負票據上之責任，此係就無權代理所爲之特別規定，應較同法第 14 條優先適用。

又民法第 110 條雖規定，無代理權人而以他人之代理人名義所爲之法律行爲，對於善意之相對人，負損害賠償之責。但票據法第 10 條第 1 項並無如民法第 110 條限於善意第三人之規定，故無論執票人爲善意或惡意，均有第 10 條第 1 項之適用。

范書卸任中央公司董事長職位後，仍以該公司負責人名義簽發支票，自屬無權代理中央公司簽發支票，依前述票據法第 10 條第 1 項之規定，應自負與發票人相同之票據責任，張力如向范書請求爲有理由。

其次，范書以中央公司負責人名義簽發支票時，既已無該公司董事長職位，自無權代理中央公司簽發支票，且張力受讓票據

時，已知范書已非中央公司董事長，中央公司可以此事項為由，拒絕給付張力該筆票款[1,2]。

法律小觀點

票據法及民法雖均有無權代理之規定，但兩者適用之效力仍有不同。

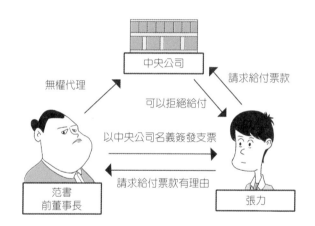

---

[1] 最高法院 67 年台上字第 1666 號判例。
[2] 司法院 83 年 8 月 3 日（83）廳民四字第 14339 號函。

Q16 獨資商號負責人變更之票據效力

Q 獨資商號負責人變更了,執票人是否可向後手請求票據款項?

A 不可以。

範例故事

李一獨資經營「大明商號」,於民國 109 年 2 月 1 日因購買鍋爐一批,而簽發同年 5 月 1 日蓋有「大明商號」印章,沒有負責人簽名及蓋章之本票 1 張作為應付款,交給賣家王二。不料 109 年 2 月底,李一因車禍受傷以致無法繼續經營,只好在同年 3 月底將「大明商號」轉讓予丁三。王二於本票到期後,向李一請求支付票款,知悉負責人變更之事,於是以丁三為商號之負責人為由,向法院聲請本票裁定,是否可行?

說明解析

權利義務的主體有自然人及法人之分。前者為了經營事業,由 2 人以上共同出資,並辦理合夥事業登記時,應適用合夥之規定[1],而如為 1 人獨資經營商號,經政府核准設立登記,有商業名稱、統一編號、所在地址、負責人姓名、負責人身分證統一編號與地址、營業項目等,即屬獨資商號。由於主體的不同,其相關權利義務也有差異。

獨資商號簽發票據為發票行為,並於本票發票人欄上蓋章時,實際上是由該商號的負責人或其代理人為之,故該商號及負責人為一權利主體,就所簽發的本票負發票人責任,若商號負責人嗣後變更為他人時,是另一權利主體的變更,兩者主體不同,故商號前一任負責人所為的法律行為,自不應由變更後另一主體負責[2]。

---

[1] 民法第 667 條至第 709 條。
[2] 臺灣高等法院暨所屬法院 94 年法律座談會民事類提案第 16 號。

本題中，「大明商號」名義的本票，既然是由李一所簽發，雖然後來由丁三受讓該商號，但其負責人已經變更，主體即與原來不同，故執票人王二以丁三為相對人聲請本票裁定，法院不會准許。

法律小觀點

獨資商號有實際負責與登記負責人不同的情形時，應以登記負責人為準，除非實際負責人亦有在票據上簽名。

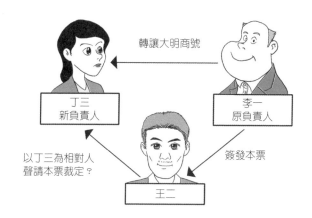

轉讓大明商號

丁三
新負責人

李一
原負責人

以丁三為相對人
聲請本票裁定？

簽發本票

王二

Q17 票據之改寫：更改票據金額或金額以外部分的效力

Q 可否更改票面金額或金額以外的部分？

A 不可以更改票據金額，否則票據無效。金額以外的部分，可以更改。

範例故事

蘇寶在民國 110 年 3 月 1 日向陳蓮借款新臺幣 10 萬元，約定同年 6 月 1 日還清借款，並簽發同年 6 月 1 日，面額 10 萬元的支票作為擔保。但支票到期後，蘇寶僅籌得 5 萬元，經陳蓮同意餘款得延後再還，而蘇寶於交款後，要求陳蓮將原先支票上之金額改為 5 萬元，以免日後仍須依票面所載金額償還借款，是否可行？

說明解析

票據在簽發完成交付執票人之前，如發現有填寫錯誤，應予更正時，即有改寫的問題。但是，即使票據仍在發票人手上尚未交付前，可否改寫，仍應視改寫處是否為票據金額或金額以外的部分而定。

支票是支付證券，為了便於流通及易於確定金額，發票人不得任意塗改票面金額，如經塗改，無論發票人有無在塗改處簽名蓋章，依法均不生效（票11III），付款銀行在執票人提示時，即會予以退票。不過，在此所說的金額不得塗改，是指票上記載金額的文字部分，至於金額號碼（數字）的改寫，則不受限制，因為依照票據法第 7 條的規定：「票據上記載金額的文字與號碼不符時，以文字為準。」所以，票據金額的號碼是否記載及塗改，均不影響票據的效力。例如，金額的文字是「貳萬元」，號碼部分漏未填載或記為「2,000」，付款金額還是貳萬元。

至於金額以外的事項，票據法

第 11 條第 3 項規定：「票據上之記載，除金額外，得由原記載人於交付前改寫之，但應於改寫處簽名。」例如，支票日期是發票人填載的，僅能由發票人於交付前改寫並簽名，發票人以外的人，如非原記載人則無權填載。但發票人改寫時，如票據上尚有其他應負責任的人（例如，背書人、保證人），亦應徵得其他人同意，否則其他票據債務人對於改寫後的票據內容不負責任[1]。又其他人同意時，應否以在更改處簽名或蓋章為必要？實務見解認依票據法第 16 條第 2 項之規定及立法理由，雖非變造之人，而同意他人在票據變造者，同依變造文義負責。故其他人同意時，雖未在更改處簽名或蓋章，仍依更改後文義負責[2][3]。

其次，依票據法第 11 條第 3 項之規定，既要求原記載人應於交付前改寫之，則交付後，究竟能不能改寫？法無明文，由於票據交付後，牽涉到票據債務人（發票人、背書人、保證人）及執票人間權利義務關係，可能因改寫後而變更。故任何一方改寫時，自應經他方同意。例如，發票人改寫，應經執票人同意；執票人改寫，應得發票人同意，否則如前述，對於改寫後的票據內容不負責任。

本題中，蘇寶縱然已清償部分票款，仍然不可以塗改支票的面額，其如顧慮雙方日後有所爭執，不妨另簽發面額 5 萬元的本票或支票，以換回原支票。

法律小觀點

就實際而論，金額文字與號碼不符時，最好還是由發票人將號碼更改為與文字相符，並加蓋印章，以示慎重。

---

[1] 最高法院 51 年度台上字第 1054 號判決。
[2] 票據法第 16 條第 2 項規定：「前項票據變造，其參與或同意變造者，不論簽名在變造前後，均依變造文義負責。」
[3] 最高法院 70 年台上字第 30 號判例。72 年 5 月 2 日司法院第 3 期司法業務研究員結論民事法律專題研究（二），頁 355-356。

Q18 空白授權票據

Q 發票人交付票據時，就部分法定應記載事項，可以授權執票人記載嗎？

A 可以。

範例故事

張甲在民國 110 年 1 月 1 日參加王乙所召集的互助會，同年 4 月 1 日，張甲得標欲向王乙領取會款時，為保證日後按時支付每月會金，於是簽發僅記載金額而無發票日的支票，經蓋妥印章後，授權王乙轉交下次得標會員時，再填載發票日期。同年 5 月 1 日林丙得標後，經王乙背書轉讓取得已填妥發票日為 110 年 5 月 1 日的張甲支票。不料，林丙前往銀行提示竟遭退票，其向王乙催討款項時，王乙辯稱背書當時，支票尚未完成發票行為，在票據法上不生效力。王乙的抗辯是否成立？

說明解析

票據具要式性，欠缺票據法所規定應記載事項之一者，其票據無效（票 11I）。但如果發票人在簽發票據時，對於部分應記載事項無法確定，而保留空白，授權由執票人補充，稱為空白授權票據。

通常發票人在完成發票要件行為後，才會將票據交付他人，以確定自己的責任範圍，不過有時為了事實上的需要，發票人僅在票據上簽名，其餘有關發票日期或金額等應記載之事項，則授權他人代為填載，完成發票行為。例如，公司的經理交付空白支票給其外務員，授權在談妥買賣價格後，才按該價額填載為票面金額交付賣主，即屬一例。空白授權票據在民間運用甚廣，其成立要件須：一、發票人在票據上簽名。因此如他人偽造簽名，發票人不負責；二、其他應記載之事項全部或一部空白。如得記載事項為空白，票據法已另規定其效

力（參 Q2）：三、空白票據行為人授予第三人補充權。

我國票據法是否承認空白票據的存在呢？同法第 11 條第 2 項規定：「執票人善意取得已具備本法規定應記載事項之票據者，得依票據文義行使權利；票據債務人不得以票據原係欠缺應記載事項為理由，對於執票人，主張票據無效。」且本項立法理由為：「我國近年來，經濟繁榮，貿易愈見活躍，當事人間基於事實上之需要，對於票據上部分應記載之事項，有因不能即時確定，須俟日後確定時始能補充者，似宜容許發票人先行簽發票據，交由他人依事先之合意補填，以減少交易上之困難。此種情形，依原有票據法第 11 條之規定，其票據係屬無效，茲特仿日內瓦統一票據法及英美票據法例，於同條增第 2 項，承認空白授權記載票據，以資適應……。」但實務見解最初有採否定說，認授權之範圍不包括執票人於交付後自行填寫金額之情形[1]，嗣改採肯定說[2]。

本題中，張甲交付支票時，固然尚未記載完成應記載的事項，但他既然已授權王乙填載，這項授權自然有效，王乙接受授權後，又已在票據背書，背書的效力自然在票據記載完成時發生[3]，不因票據原係欠缺應記載事項而受影響。所以，王乙的抗辯是無理由的。

法律小觀點

票據法雖規定可授權記載，但為避免事後爭執時，舉證困難，最好用書面訂定授權的範圍及時期。

[1] 最高法院 80 年度台上字第 355 號判決。
[2] 最高法院 82 年度第 1 次民事庭決議。
[3] 最高法院 70 年度台上字第 2468 號判決。

PART1

總則篇

Q19 善意取得票據之效力

> **Q** 已蓋妥發票人印章的空白支票，如果經他人擅自補充填寫完成後，轉讓第三人，發票人可以拒絕付款給第三人嗎？
>
> **A** 第三人如為善意取得票據，發票人不可以拒絕付款。

範例故事

張甲因洽談生意所需，帶著預先蓋妥發票人印章的空白支票外出時，不慎將支票遺失。不料，被王乙拾得且擅自補充填寫金額新臺幣 10 萬元及日期後，持向陳丙購物，陳丙據以向張甲請求付款。張甲可否以該支票原為空白支票，拒絕付款？

說明解析

票據法第 11 條第 2 項前段規定：「執票人善意取得已具備本法規定應記載事項之票據者，得依票據文義行使權利。」所謂「善意取得」，是指執票人不是明知或因重大過失而不知悉其前手並無該票據之處分權而受讓之，其取得票據時，該票據業已具備票據法所規定應記載事項者而言。此與第 13 條但書規定，以惡意取得票據，票據債務人「得以自己與發票人或執票人之前手間所存抗辯之事由，對抗執票人」，所指從有正當處分權人受讓已記載完成之票據，係出於惡意，及第 14 條第 1 項規定：「以惡意或有重大過失取得票據者，不得享有票據上之權利。」係指從無權處分人受讓票據，於受讓當時為惡意等情形者，並不相同[1]。另票據法第 14 條第 2 項規定：「無對價或以不相

---

[1] 最高法院 67 年台上字第 1862 號判例。

當之對價取得票據者，不得享有優於其前手之權利。」是指票據債務人得以與執票人前手間原因關係為抗辯之情形，更屬另一問題[2]。此外，發票人主張執票人以惡意或有重大過失取得票據，不得享有票據上權利時，應就此一利己事實負舉證之責。舉證時，應合於經驗法則及事理，例如，僅主張：「執票人對於發票人經營的飲食店已歇業 2 年，票上又無執票人前手的簽名或背書，發票人支票存款帳戶更已結清銷戶並變換印鑑證明，執票人未予查證而收受，顯非善意，至少亦有重大過失之情形」等由，仍然未盡其應有的舉證責任[3]。

本題中，張甲的支票，雖僅蓋妥發票人印章，其餘部分均為空白，尚未記載完成，但王乙拾獲後填載金額及日期，完成形式上應有的發票行為，且其持向陳丙購物，陳丙取得該支票是有代價的，應推定是出於善意取得，如果沒有積極證據，不可任意認定陳丙有惡意或有重大過失取得票據之情事。所以，張甲的抗辯是無理由的，不得以票據原係欠缺應記載事項而拒絕付款。

 法律小觀點

蓋妥發票人印章的空白票，被無權取得人補充尚未記載完成後，由於發票人要免除其票據債務時，舉證不易，故建議於發票據時才蓋用印章。

---

2 最高法院 104 年度台簡上字第 12 號判決。
3 同註 1。

是你不對，我才不付款：執票人惡意取得票據的抗辯

Q 票據債務人在票據交付後，如遇有一定的事由發生，可以對於執票人拒絕給付票款嗎？

A 可以。

範例故事

林大在民國 110 年 6 月 15 日，簽發臺中商業銀行 110 年 9 月 30 日，面額新臺幣 20 萬元的支票 1 張，向王一經營的電機廠購買電槽 2 座。但林大在使用電槽後發覺，其中 1 座時常有漏電現象，另 1 座則比原訂規格較小，通知王一前來修理及更換，王一均不予理會。於是，林大在 110 年 9 月 1 日以存證信函通知王一，如未於 9 月 15 日前改善即予解除買賣契約。

不料，王一接到通知後，即將支票交付在同一電機廠工作的胞弟王二，致林大解除契約時，未能自王一處索回票據。而支票到期後，王二竟出面要求給付票款，林大可否就與王一間的事由對王二抗辯，拒付票款？

說明解析

票據是無因證券，在一般情形下，票據債務人固然不可以自己與發票人或執票人的前手間所存在的抗辯事由，對抗執票人（請參閱 Q7）。但假如執票人惡意取得票據時，自然應該容許票據債務人以自己與執票人前手間的事由，來對執票人抗辯（票 13 但書[1]），以保障票據債務人的權益。所謂執票人是惡意取得者，是指執票人自始知情，也就是明知票據債務人與其前手間有抗辯的事由存在，卻仍自其前手受讓票據而言。

---

[1] 本條規定之「惡意」包括「詐欺」情形。

債務人可抗辯之情形，例如：一、執票人前手以正當原因取得票據後，現該原因消滅；二、執票人前手應同時履行一定行為而未履行；三、執票人前手取得票據後，因積欠票據債務人另筆債務，而被主張抵銷；四、執票人向其前手行詐，取得票據。

前述情形，是指執票人的前手取得票據的原因，是基於合法的方式而言[2]。至於，如該前手取得票據的原因，是經由不正當途徑時，例如詐欺、脅迫及賭博手段所得，執票人知情後卻仍受讓，當然更不得行使票據上的權利（票 14I）[3]。

本題中，王一是基於買賣關係而取得林大的票據，後來該買賣關係既已解除，依法林大在王一請求給付票款時可以抗辯。但由於王一又將票據轉讓王二，所以，林大要拒絕王二的票款請求，應證明王二是惡意取得，舉證時不妨主張王二與王一是同胞兄弟，而且在同一電機廠工作，對於林大如何交票購物，自應非常清楚，而且以存證信函通知後，王一才轉讓票據給王二，足見王二確是惡意等情。

法律小觀點

票據行為，是無因行為（見 Q7），執票人不須證明是基於如何原因取得票據，如票據債務人主張執票人取得票據是出於惡意時，應由該債務人舉證證明[4]。所以，票據債務人遇有前述可抗辯的事由，最好預留證據資料。例如，存證信函通知。

---

[2] 最高法院 51 年台上字第 2587 號判例。
[3] 最高法院 46 年度台上字第 396 號判決。
[4] 最高法院 64 年度台上字第 1540 號判決。

PART1

總則篇

Q21 票據偽造的效力

> **Q** 偽造票據的簽名，是否影響真正簽名的效力？
>
> **A** 不影響。

範例故事

翁甲在民國 110 年 1 月 1 日，到吳乙所經營的明昌行擔任總務。同年年底，翁甲因工作不力，而被解僱。不料翁甲竟懷恨在心，離去前趁機竊取吳乙的支票 1 張，並盜蓋吳乙印章後，填載發票日期為 110 年 2 月 20 日，面額新臺幣 20 萬元後，持向林丙購物，林丙再背書轉讓給陳丁，以清償借款。陳丁於支票到期後提示時，因吳乙存款不足，未獲付款，陳丁於是向翁甲、吳乙及林丙請求連帶給付票款，是否有理？

說明解析

票據法第 5 條第 1 項規定：「在票據上簽名者，依票上所載文義負責。」所謂簽名，是指票據行為人的真正簽名。因此票據被偽造時，應依分別情形論其效力。

一、被偽造人責任。被偽造人既未真正在票據上簽名，自然不負票據責任。不過，票據的偽造方法有偽造簽章及盜蓋印章之分，所以除非偽造者自己承認有偽造的行為，否則發票人主張印章被盜蓋時（印章為真正），應舉證證明，才可免除票款責任；反之，發票人主張印章是被偽造時，執票人應舉證證明印章是真正，兩者舉證責任恰好相反[1、2]。

二、偽造人責任。偽造人並未在票據上簽蓋自己名章，不負票據責任。至於，刑事上觸

---

[1] 最高法院 59 年度台上字第 3774 號判決。
[2] 最高法院 50 年台上字第 1659 號判例。

犯偽造有價證券罪[3]，民事上擔負損害賠償責任[4]，是票據法外的問題。但如偽造人有在票據上簽名，當然必須負責。

三、在票據真正簽名人責任。基於票據行為獨立性原則（請參閱 Q8），真正簽名者仍依票據文義負責，不受票據偽造或票據上簽名偽造的影響（票 15）。

四、盜用他人印章為發票行為，同屬票據之偽造。被盜用印章者，因非其在票據簽名為發票行為，自不負發票人之責任，此項絕對的抗辯事由，可以對抗一切執票人[5]。

本題中，吳乙並未在票據上真正簽名，不負票據責任。翁甲是盜蓋吳乙印章在票據上，並未簽蓋自己名章，亦不負票據責任。林丙是票據上真正簽名者，縱使吳乙的發票行為無效，林丙的背書行為仍然有效，自應負票據責任。不過，林丙受陳丁追討後，所受損害，可向翁甲請求損害賠償。

法律小觀點

假冒他人名義簽名，而為票據行為者，稱為票據的偽造。由偽造的主體來分，偽造或盜蓋發票人簽章者，票據法稱為票據的偽造；如偽造或盜蓋發票人以外的簽章，例如背書、承兌、保證的簽名，則稱為票據上簽名的偽造。

為免碰到題述狀況，發票人平時宜妥存票據印鑑，而收受他人票據時，宜與票據債務人聯絡，以確定簽章的真正與否，如票據上僅蓋印章時，最好請票據債務人補簽名。

---

[3] 刑法第 201 條第 1 項規定：「意圖供行使之用，而偽造、變造公債票、公司股票或其他有價證券者，處三年以上十年以下有期徒刑，得併科九萬元以下罰金。」
[4] 民法第 184 條前段規定：「因故意或過失，不法侵害他人之權利者，負損害賠償責任。」
[5] 最高法院 51 年台上字第 3309 號判例。

Q22 票據變造的效力

Q 票據有變造情形時，是否影響全部票據債務人責任？

A 簽名在變造前，依變造前文義負責；簽名在變造後，依變造後文義負責。

範例故事

張來在民國 110 年 2 月 1 日簽發 110 年 4 月 15 日，面額新臺幣 2 萬元的支票 1 張，交付給陳華作押租金。陳華向李林購物時，再背書轉讓該支票，李林收受後，因急需支付積欠王凡的貨款，所以把支票面額塗改為 10 萬元後交付，王凡再背書轉讓給高發。支票到期後，高發前往銀行提示時，因金額被塗改無法兌現，高發能向他的前手請求的金額是多少？

說明解析

票據金額不可以塗改，如在交付前塗改者，票據無效（請參閱 Q17）；交付後塗改者，則應依票據變造的規定來認定其效力。

一、變造人責任。變造人在票上簽名時，不論簽名在變造前後均依變造文義負責。如未簽名時，當然不負票款責任。至於，所犯刑事上之變造有價證券罪，及應負民事上損害賠償責任，屬票據法外的問題。

二、簽名在變造前者，依原有文義負責（票 16I）。例如，變造前金額是 2 萬元，變造後是 3 萬元，變造前到期日是 109 年 1 月 1 日，變造後是 109 年 5 月 1 日，則依原有金額 2 萬元負責，或按 109 年 1 月 1 日計算執票人的追索期限。

三、簽名在變造後者，依變造的文義負責（票 16I）。例如，在二、的例子，應按變造後的 3 萬元，或變造後的 109 年 5 月 1 日負責。

四、不能辨別變造前後者。推定
簽名在變造前（票16I），
依變造前文義負責。本條文
所謂推定是假定，所以有反
證時，可以推翻該假定。但
在反證成立前，依然有推定
的效力。

本題中，張來及陳華都是在變
造前簽名，所以他們所負的票款
責任是 2 萬元，王凡是在變造後
簽名，所負的票款責任是 10 萬
元，至於李林如已在票據上背
書，應負 10 萬元責任，如未背
書，自不負票款責任，不過應負
損害賠償責任。

法律小觀點

票據的變造與偽造及改寫不同。票據的變造，指無變更權之人，以
行使為目的，對票據上簽名以外的事項加以變更。簡言之，無權限
之人，冒用他人之名義而簽名於票據上者，屬票據的偽造，而其如
係就簽名以外事項的加以變更，例如發票日者，則係票據的變造[1]。
至於票據的改寫，指票據原記載人於票據尚未交付前，就金額以外
的事項，變更原記載內容，但有改寫的情形時，原記載人應於改寫
處簽名（票11III），以便於判斷是否出於有權限人的變更。

---

[1] 最高法院 53 年度台上字第 1264 號判決。

票據之喪失

> **Q** 票據遺失了，應該怎麼辦？
> **A** 應即辦理票據止付與公示催告。

範例故事

　　劉甲在民國 110 年 1 月 10 日，簽發同日到期，面額新臺幣 10 萬元，第一商業銀行忠孝東路分行的支票 1 張，向住在桃園的鄭乙購物，鄭乙取得該支票後，在前往銀行提示途中，不慎遺失。鄭乙該如何處理，才可避免被他人冒領？

說明解析

　　票據喪失時，票據權利並不當然消滅，不過由於票據權利人無法提示票據，所以票據權利人應依法定程序，才可恢復票款的請求權。

一、止付通知

　　止付程序如下：

　　（一）向付款銀行申請填具止付通知書。

　　（二）提出已聲請公示催告的證明。票據權利人提出止付通知後 5 日內，應向付款人提出已聲請公示催告的證明（法院已收妥公示催告聲請狀的副本），否則止付通知失效（票 18）。

　　（三）止付的例外。保付支票（請參閱 Q77、Q79）及業經付款人付款的票據（票施 6）均不得止付。

二、公示催告

　　（一）公示催告是法院依當事人聲請，以公示的方法，催告利害關係人在一定期限內申報權利，逾期不申報時，即生失權效果的程序（民訴 539）。票據喪失，聲請公示催告時，應提出聲請狀（見附錄，第 260、261 頁）。

　　（二）受理法院。公示催告聲請，由票載付款地法院管轄（民訴 557）。

　　（三）公示催告裁定的登載。法院接到聲請狀後，經審核無誤，不經開庭程序，即會裁定許可公示催告）。聲請人接到裁定翌日起 20 日內，應詳細核對記

載之姓名、票據號碼、發票日期等有無錯誤，如有錯誤應請求更正，核對無誤後，向法院聲請將本公示催告公告於法院網站，並於聲請公告 7 個工作日後，至法院網站公示催告公告專區查詢列印公告全文留存。

三、請求支付或給與新票據

公示催告程序開始後，如票據已經到期，聲請人可以提供擔保，請求票據付款人給付票據金額；聲請人不能提供擔保時，可以請求將票據金額提存在法院。

未到期的票據，聲請人亦可提供擔保，請求給與新票據（票19II）。

四、公示催告的撤回

聲請人辦理公示催告後，如尋獲喪失的票據，可具狀撤回公示催告的聲請。

本題中，鄭乙雖然住在桃園，但仍應向支票之付款人即第一商業銀行忠孝東路分行辦理止付，並向付款銀行所在地的法院聲請公示催告。

法律小觀點

票據所有人因被盜、損毀等原因喪失票據時，同樣可依前述遺失票據的程序辦理止付及公示催告。

Q24　除權判決

> **Q** 公示催告後，就可請求給付票款嗎？
> **A** 應再辦理除權判決。

範例故事

承 Q23，鄭乙遺失支票後，已向法院辦妥公示催告程序，如欲順利取得票據權利，鄭乙還須繼續辦理何種程序？

說明解析

公示催告的目的，是在催告善意取得票據的人申報權利，因此如申報期間屆滿，無人申報權利，票據遺失之人就可以聲請除權判決。茲將聲請程序分述如後：

一、除權判決的聲請

（一）聲請人應自申報權利期間屆滿後 3 個月內提出聲請，但在期間未屆滿前之聲請，仍有效力。逾期提出聲請，法院會予以駁回。聲請時，應載明聲請的理由（見附錄，第 262 頁）。

（二）聲請人如於接到法院公示催告裁定後，曾下載法院公告之網站頁面者，於聲請除權判決時，應附具該下載頁面。

二、受理法院

（一）除權判決必須由聲請人聲請，法院不得依職權進行。

（二）法院受理聲請後，會指定期日，通知聲請人前來開庭。但如另有申報權利人主張自己才是真正權利人，否認聲請人是權利人而有爭執者，法院應一併通知其到場辯論（民訴 545）。

聲請人接到通知後應按時到場，如因事不能來時，可委任他人出庭，如無法委任他人時，應具狀請求法院改期（民訴 549I）。須注意的是，聲請法院再定期日時，從遲誤第 1 次期日起算，不得超過 2 個月；而且聲請人在接到第 2 次期日的通知時，應按時到庭，否則因無法再請求改訂期日（民訴 549II、III），無從請求除權判決。如聲請人自始按時到庭，法院審核相關文件無誤後，會以除權判決宣告原票據無效。

三、程序費用

　法院為除權判決者，程序費用由聲請人負擔。但因申報權利所生之費用，由申報權利人負擔（民訴549-1）。

四、除權判決之撤銷

　雖然對於除權判決，不得上訴。但有下列各款情形之一者，因受除權判決而失權之人，得以公示催告聲請人為被告，向原法院提起撤銷除權判決之訴（民訴551）：

　（一）法律不許行公示催告程序者。

　（二）未為公示催告之公告，或不依法定方式為公告者。

　（三）不遵守公示催告之公告期間者。

　（四）為除權判決之法官，應自行迴避者。

　（五）已經申報權利而不依法律於判決中斟酌之者。

　（六）有民事訴訟法第 496 條第 1 項第 7 款至第 10 款之再審理由者。

　本題情形，申報期間至 110 年 6 月 1 日已經屆滿，鄭乙應在屆滿後 3 個月內，辦理聲請除權判決，以便向付款銀行請領票款。

 法律小觀點

除權判決後，聲請人即可依該判決，對於票據債務人主張票據上的權利，請求給付票款。也就是聲請人可以除權判決正本向付款之行社領取掛失止付之票據金額；至股票之除權判決，向發行股票之公司，聲請發給股票。

Q25 空白票據之喪失

Q 遺失空白票據，可否辦理止付及聲請公示催告？

A 遺失空白票據與辦理止付之要件不符，不得聲請公示催告，只能為止付之預示。

範例故事

張大攜帶已蓋妥公司印鑑的支票外出，以便生意談妥時，即可補充填寫交付對方。不料，張大於途中遺失該空白支票，張大怕支票被人撿到後使用，擬辦理止付及聲請法院公示催告，是否可行？又如果該空白支票已被補充記載，張大應如何處理？

說明解析

票據喪失時，票據權利人得為公示催告之聲請；申報權利之公示催告，以得依背書轉讓之證券及其他法律有明文規定者為限（票 19、民訴 539）。支票上之金額及發票年月日為絕對必要記載事項（票 125I ②、⑦、11I），欠缺記載者，既為無效之票據即非「證券」，自不得聲請為公示催告（民訴 539I）。

但因票據法第 11 條第 2 項規定：「執票人善意取得已具備本法規定應記載事項之票據者，得依票據文義行使權利；票據債務人不得以票據原係欠缺應記載事項為理由，對於執票人，主張票據無效。」故空白票據喪失後經他人補充記載完成提示前，仍有通知止付之必要，票據法施行細則第 5 條第 4 項因而明定：「通知止付之票據如為業經簽名而未記載完成之空白票據，而於喪失後經補充記載完成者，准依前兩項規定辦理，付款人應就票據金額額度內予以支付。」惟此一止付通知，僅屬「止付之預示」[1]，

---

[1] 最高法院 68 年度第 15 次民事庭會議決議（三）及所附研究報告。

應待其空白補充記載完成，始生止付之效果，並於該補充記載完成之票據提示時，依一般有效票據喪失時之止付手續辦理，為止付通知之人應依票據法第18條第1項之規定，於5日內提出已為公示催告聲請之證明，否則，依同條第2項之規定，止付通知即失其效力。

因而，如果上開空白支票已被經填載完成，並經他人提示，原止付通知即因而生效。原止付人於提示後5日內可再聲請公示催告。至公示催告程序，若因他人申報權利而終結[2]，該他人是否得行使票據權利，得經由訴訟判決認定，不影響聲請公示催告之必要。

反之，如果所遺失之支票，迄未補充記載完成票據，依其提出之票據掛失止付申請書副本所載，金額及發票年月日均為空白，自屬未經補充記載完成之支票，與上開空白票據辦理止付之要件不符。法院自可駁回遺失人之公示催告之聲請[3]。

本題中，張大遺失之支票，其金額及發票年月日均為空白，即為無效之票據而非證券，在未經補充記載完成前，自不得聲請為公示催告。但如果空白支票已被補充記載，自得聲請公示催告。

法律小觀點

公示催告之目的，在催告不明之相對人申報權利、提出證券，於申報期間屆滿不申報時，失其權利或由法院宣告證券無效。若是空白支票已被補充記載並提示付款遭退票時，止付人如果要否認持票人之權利，可向法院提起「確認票據債權不存在」的訴訟。

---

[2] 最高法院68年度第15次民事庭會議決議（三）及所附研究報告。
[3] 最高法院70年台抗字第110號判例、最高法院97年度台抗字第483號裁定。

總則篇 ■■■■■■■■■■■■■■■

Q26　除權判決之撤銷

> **Q** 可以請求撤銷除權判決嗎？
> **A** 可以，但應合於法定事由。

範例故事

陳明主張其原任職於正華公司，本擬辭職他就時，正華公司給予新臺幣 140 萬元支票 1 張，作為離職金。不料，正華公司明知該支票為其所持有，無相對人不明之情形，除訴請返還票據訴訟外，竟向法院聲請公示催告及除權判決，致法院誤認該支票之持有人不明而判決宣告無效。因此，陳明依民事訴訟法第 551 條第 2 項第 1 款之規定，提起請求撤銷除權判決訴訟等。而正華公司聲稱：「正華公司並未給付離職金，支票是陳明所竊，所以公司才向法院聲請公示催告及除權判決。」陳明的主張有理由嗎？

說明解析

宣告票據無效之公示催告，為法院依該票據之原持有人因證券被盜、遺失或滅失，聲請以公示方法，催告不明之現在持有該票

據之人，於一定期間內向法院申報權利，如不申報，會生失權效果之特別程序。持有證券之人，如欲主張權利，僅須將證券提出於法院，由法院通知聲請人閱覽無訛後，公示催告程序即告終結。又公示催告程序，僅為形式上之程序，並不審查實體權利之誰屬。其目的在對於不申報權利人宣告法律上之不利益。

撤銷除權判決之訴，應於 30 日之不變期間內提起之；前項期間，自原告知悉除權判決時起算（民訴 552I、II）。又「法律不許行公示催告程序者」，是指公示催告聲請人確非系爭股票之所有人，卻聲請公示催告及除權判決者，民事訴訟法第 558 條第 2 項、第 551 條第 2 項第 1 款分別定有明文。

民事訴訟法第 546 條雖規定法院就除權判決之聲請為裁判前，得依職權為必要之調查，惟此項調查僅係就除權判決之聲請是否

合法及就利害關係人之申報加以調查，以定應否駁回除權判決之聲請或裁定停止公示催告程序或於除權判決保留其權利[1]。如申報權利人爭執聲請人所主張之權利，涉及權利之存否，聲請人或申報權利人仍須另行提起民事訴訟請求確定其權利，並非公示催告及除權判決程序所得審酌[2]。

本件陳明主張之事由，並非公示催告及除權判決程序所得審酌，其請求撤銷原除權判決，並無理由。

法律小觀點

公示催告程序或除權判決僅由形式上觀察權利的有無，如果涉及實體權利誰屬之認定，主張權利之人應另行提起民事訴訟（例如請求給付離職金），由法院審理後確認。

---

[1] 最高法院 69 年台抗字第 86 號判例。
[2] 臺灣高等法院臺中分院 98 年度上易字第 413 號判決。

Q27　票據時效

Q 支票逾發票日後 1 年才請求給付票款，發票人可否抗辯票款時效消滅？

A 可以。

範例故事

蘇明在民國 108 年 1 月 10 日向朱棟借款，並簽發同年 3 月 10 日，面額新臺幣 10 萬元，臺中市第六信用合作社的一張支票為憑。不料支票到期後，朱棟向付款合作社提示，因蘇明存款不足而退票，進而向蘇明催討時，僅獲償 2 萬元，餘款蘇明要求延後還清。朱棟因與蘇明原屬好友，不好意思常向蘇明催討，只得暫時作罷。109 年 6 月間，朱棟聽說蘇明生意已有好轉，再向蘇明催討票款，蘇明卻表示朱棟逾期才請求清償，請求權已消滅，蘇明所言，是否合理？

說明解析

民法及票據法對於請求權的消滅時效，有不同的規定。前者期間較長[1]，後者期間較短。因為票據流通的範圍較廣，而且牽涉的主體亦較複雜，所以有短期時效的規定。

票款的請求權有對付款人的付款請求權及對付款人以外的追索權之分。依照票據法第 22 條的規定，因票據債務主體的差異，有其不同的時效期間，茲為易於明瞭起見，列表說明如後：

---

[1] 最高法院 53 年台上字第 1080 號判例。

民法第 119 條：「法令、審判或法律行為所定之期日及期間，除有特別訂定外，其計算，依本章之規定。」第 120 條：「以時定期間者，即時起算。以日、星期、月或年定期間者，其始日不算入。」

權利內容	付款請求權		追索權						
票據種類	匯票	本票	匯票	本票	支票		匯票	本票	支票
權利主體	執票人		執票人		執票人		背書人		
義務主體	承兌人	發票人	前手		發票人	前手	前手		
時效期間	三年		一年		一年	四個月	六個月	二個月	
時效起算日	自到期日起算	1.載有到期日本票，自到期日起算 2.見票即付本票，自發票日起算	1.須作拒絕證書者，自作成日起算 2.免除拒絕證書者，自到期日起算		自發票日起算	1.自作成拒絕證書日起算 2.免拒絕證書者，自提示日起算	自清償或被訴日起算		

　　本題中，朱棟持有的票據是支票，提示後未獲付款時，所追索的對象是發票人，依照前表說明，時效僅有 1 年，因此自 108 年 3 月 10 日起至 109 年 3 月 10 日止已滿 1 年，朱棟至 109 年 6 月間才請求票款，已超過法定的期限，蘇明的抗辯是有理由。

法律小觀點

　　票據請求權的時效起算，票據法第 22 條第 1 項至第 3 項雖有規定，但是計算的始日究竟有無包括到期日或發票日當日在內，實務上見解認為票據法並未明定，所以應依民法第 120 條第 2 項規定：「以日、星期、月或年定期間者，其始日不算入。」辦理，因此計算請求權時效時，均應自到期日或發票日之翌日起算[2]。

---

[2] 最高法院 66 年度第 5 次民庭總會決議。

Q28 票款時效與民法時效

Q 執票人如果票款時效已消滅，可以依原來取得票據的原因關係請求嗎？

A 可以。可依其原來取得票據的原因關係請求。

範例故事

承 Q27，如果朱棟不是請求蘇明給付票款，而是主張其原來取得票據的原因關係即借貸關係，請求蘇明清償借款，是否有理？

說明解析

民法及票據法對於請求權的消滅時效，有不同的規定。前者期間較長，後者期間較短。依民法的規定，債權的消滅時效期間有下列幾種：

一、5 年之短期時效期間。包括：利息、紅利、租金、贍養費、退職金及其他 1 年或不及 1 年之定期給付債權，其各期給付請求權，因 5 年間不行使而消滅（民126）。

二、2 年之短期時效期間。包括：（一）旅店、飲食店及娛樂場之住宿費、飲食費、座費、消費物之代價及其墊款；（二）運送費及運送人所墊之款；（三）以租賃動產為營業者之租價；（四）醫生、藥師、看護生之診費、藥費、報酬及其墊款；（五）律師、會計師、公證人之報酬及其墊款；（六）律師、會計師、公證人所收當事人物件之交還；（七）技師、承攬人之報酬及其墊款；（八）商人、製造人、手工業人所供給之商品及產物之代價（民127）。

三、15 年之一般時效期間。指前述 5 年及 2 年之短期時效期間請求權以外之請求權（民125）。例如，借款返還請求權。

由於票據法對於如何計算時效期間之方法別無規定，時效有無

消滅仍應適用民法第 119 條、第 120 條第 2 項[1] 不算入始日之規定[2]。也就是說票據到期日當天不起算,而由到期日翌日起算。

本題中,蘇明簽發支票的目的是為了向朱棟借款,而在朱棟的票款罹於時效後,依據消費借貸的法律關係請求並提出借款單為證(票款與借貸的法律關係不同,因借款請求權是 15 年(民 127VIII),勝敗結果可能恰好相反)將可有效阻止蘇明的時效抗辯。

法律小觀點

票據前後背書人依票據法第 96 條第 1 項規定對於執票人所負之連帶責任,其背書人間僅生清償後再行使追索權之問題,而無民法連帶債務人間內部分擔、求償或代位之關係(參民 280-282),該票據法所稱之「連帶負責」,係一種不完全連帶責任,與民法所定之連帶債務人責任未盡相同,並無民法第 276 條第 2 項規定之適用,執票人對前背書人之追索權消滅時效如已完成者,後背書人不得直接援用該條項規定主張時效利益而免其責任[3]。

---

[1] 民法第 120 條規定:「以時定期間者,即時起算。以日、星期、月或年定期間者,其始日不算入。」

[2] 最高法院 53 年台上字第 1080 號判例。

[3] 最高法院 91 年度台上字第 23 號判決。

總則篇

Q29 利得償還請求權（利益償還請求權）之一

> **Q** 票款時效已消滅，也未能依持有票據的原來原因關係請求時，還有其他方法可以救濟嗎？
>
> **A** 有。可以主張利得償還請求權。

範例故事

承 Q27、28，朱棟還有其他方法可以救濟嗎？

說明解析

票據的時效是短期時效，而發票人所以簽發票據，通常亦有其原因關係（例如，買賣、借款），因此如果票據權利人因票款及原來取得票據的原因關係時效均已消滅，無法行使請求權時，發票人將蒙受其利，有欠公允，票據法第22條第4項明定：「票據上之債權，雖依本法因時效或手續之欠缺而消滅，執票人對於發票人或承兌人，於其所受利益之限度，得請求償還。」賦予執票人利得償還請求權，以彌補損失。

利得償還請求權（又稱利益償還請求權）是基於票據時效完成後所生之權利，與票據基礎原因關係所生之權利各自獨立，是票據法上特別請求權，請求權人須為票據上權利消滅時之正當權利人，其票據權利，雖因時效消滅致未能受償，惟若能證明發票人因此受有利益，即得於發票人所受利益之限度內請求返還。至其持有之票據縱屬背書不連續，亦僅為形式資格有所欠缺，不能單憑持有此背書不連續之票據以證明其權利而已，償還請求權人倘能另行舉證證明其實質關係存在，應解為仍得享有此權利。且因償還請求權並未定有行使之確定期限，應該依民法第229條第2項規定，經償還請求權人於得請求給付時，催告發票人為給付，而發票人不為給付時，才應負遲延責任。其經償還請求權人

起訴而送達訴狀者，與催告有同一之效力[1]。

又利得償還請求權之利益，是指發票人或承兌人於原因關係或資金關係上所受之利益（代價）而言。執票人對於發票人、承兌人實際上是否受有利益及所受利益若干，應負舉證責任[2]。

本題中，蘇明簽發支票的原因是為了向朱棟借款，而在朱棟的票款罹於時效後，蘇明仍享有該發票人的利益。故在此情形下，朱棟可改依利得償還請求權的規定，請求蘇明在所受 8 萬元價值內（已獲償 2 萬元），償還該利益。

PART1

總則篇

 法律小觀點

執票人對於發票人或承兌人因簽發票據而有利益，於其所受利益之限度之償還請求權，可以合法行使，發票人或承兌人不得以票款關係所生權利之請求權消滅時效業已完成為抗辯。

---

[1] 最高法院 96 年度台上字第 2716 號、90 年度台上字第 846 號判決。
[2] 最高法院 88 年度台上字第 3181 號判決。

總則篇

Q30 利得償還請求權（利益償還請求權）之二

Q 利得償還請求權之期間是多久？

A 應依其原因關係債權性質而定。

範例故事

承 Q29，朱棟請求權期間如何計算？

說明解析

執票人在得依票據法第 22 條第 4 項規定行使利益償還請求權時，該請求權之性質，並非「票據權利」，而是「民事上之權利」，與民法規定之「不當得利請求權」相似。惟兩者間仍有差異，前者之「所失」與「所得」間可能是直接或間接產生，但後者須具直接因果關係；又前者之發票人，是因票據法之規定而負利益償還責任，屬「具有法律上之原因」，而後者之「不當得利」，則「無法律上之原因」。故未能逕認兩者之時效應同為 15 年[1]。

又支票之原因關係債權如為貨款債權，自屬商人、製造人、手工業人所供給之商品及產物之代價，其原因關係之貨款債權請求權，因 2 年間不行使而消滅（民 127⑧）。詳言之，「利益償還請求權」之時效，並非一律是 15 年（民 125），仍要依其原因關係是否屬民法第 126 條或第 127 條所定之各類型請求權，類推適用短期消滅時效期間[2]。

而「利益償還請求權」之時效期間，依其原因關係之債權性質，類推適用民法第 126 條或第 127 條所定之短期消滅時效期間[3]。

---

[1] 臺灣高等法院暨所屬法院 94 年法律座談會民事類提案第 1 號。

[2] 最高法院 49 年台上字第 1730 號判例。

[3] 最高法院 69 年度台上字第 3912 號判決。

本題中，蘇明的貨款應在 108 年 3 月 10 日給付，其只清償 2 萬元。110 年 6 月間，朱棟才再向蘇明催討票款及貨款，兩者之請求權均已消滅，因此其向法院依票據法第 22 條第 4 項規定起訴請求之利益償還請求權，類推適用民法第 126 條、第 127 條所定之短期消滅時效期間之規定，已罹於時效，不得請求。

法律小觀點

支票是由發票人委託銀錢業者為付款，故支票之執票人行使票據上權利時，如有以提示方式向付款人為之，此項提示，應視為執票人行使請求權之意思通知，具有中斷時效之效力。但票據法第 22 條第 4 項所規定之利益償還請求權，應向票據債務人請求，才有中斷時效之效力 [4]。

---

[4] 最高法院 110 年度台上字第 1358 號判決。

Q31 票據時效的延長

> **Q** 執票人取得給付票款的勝訴判決或和解筆錄後，仍僅適用票據請求的短期時效嗎？
>
> **A** 不是。請求時效可延長至 5 年。

範例故事

鄭生在民國 99 年 7 月 1 日，收受曹中同日背書面額新臺幣 10 萬元的本票 1 張。本票到期後，鄭生請求付款未果，於是以曹中為被告請求給付票款，嗣經法院在 99 年 10 月 20 日和解成立。不料，曹中和解後，搬離原址，無從催討。102 年 1 月 1 日鄭生巧遇曹中而催討，曹中卻抗辯已逾背書追索期限，不須清償，是否有理？

說明解析

票據請求權是短期時效，則如票據權利人為保全其票款債權，定時須向票據債務人請求，實有所不便。民法第 137 條第 3 項規定：「經確定判決或其他與確定判決有同一效力之執行名義所確定之請求權，其原有消滅時效期間不滿五年者，因中斷而重行起算之時效期間為五年。」因而，票據權利人如能取得法院的確定判決，或經法院勸諭成立的和解書或調解書（非由法院成立的和解或調解，無本規定的適用），其票款的請求時效可延長至 5 年。

其次，民法第 130 條規定：「時效因請求而中斷者，若於請求後六個月內不起訴，視為不中斷。」如執票人向債務人請求致時效中斷時，是否皆於請求後 6 個月內起訴即可？此則應視個別情形而定。因匯票及本票的執票人（或背書人）對前手之追索權為 1 年或 6 個月，其請求權時效並未較法定 6 個月期間為短，固無問題。惟支票的執票人對前手的追索權僅為 4 個月，較民法規定的 6 個月時間為短，所以支票執票人於請求致時效中斷時，應

於請求後 4 個月內起訴，逾期則無時效中斷可言[1]。

票款請求權因時效完成時，僅使債務人取得拒絕給付的抗辯權而已，並不意味著票據債權本身已經消滅，債務人如果不抗辯時效已完成，債權人的請求還是有理由的，法院仍會判決債權人勝訴。所以就債務人立場言，時效完成時，一定要作此抗辯，以維護自己權益。

本題中，曹中是本票背書人，本票到期日是 99 年 7 月 1 日，計至 100 年 7 月 1 日才屆滿 1 年，不過由於鄭生與曹中在 99 年 10 月 20 日經法院和解在案，應自和解當日起再延長為 5 年，所以鄭生的票款債權須至 104 年 10 月 20 日才消滅時效，曹中在 102 年 1 月 1 日抗辯時效完成，是無理由的。

法律小觀點

票款並設定抵押時，票款債權縱使消滅時效完成，債權人仍可在消滅時效完成後 5 年內就抵押物求償。例如，票款債權在 104 年 10 月 20 日消滅時效，債權人在 109 年 10 月 20 日以前，仍得就債務人的抵押物求償[2]。

---

[1] 民法第 145 條第 1 項及第 880 條規定。
[2] 最高法院 70 年度台上字第 950 號判決。

Q32 背書

> **Q** 票據的背書，未簽全名或僅簽筆名時，有無發生背書的效力？
>
> **A** 有。仍發生背書的效力。

範例故事

梁一於民國 110 年 1 月 10 日簽發到期日為同年 3 月 10 日，面額新臺幣 5 萬元的本票給王二，王二在本票背面僅簽寫其姓，未簽全名，就轉讓給張三。本票到期後，張三向梁一請求付款被拒，於是轉向王二催討，不料王二抗辯背書時，並未簽全名，不生背書的效力，當然無須就票據負責。王二的抗辯是否有理？

說明解析

背書就是執票人在票據背面書寫自己姓名，以便轉讓票據權利或達成其他目的（如委託取款）的行為。讓與票據的人，稱為背書人，受讓票據的人，稱為被背書人。背書是轉讓票據的主要方法之一。

票據法第 5 條第 1 項規定：「在票據上簽名者，依票上所載文義負責。」簽名的方式，票據法並未明定應簽全名，所以無論發票人是簽全名，或僅簽姓或名者，皆生簽名的效力[1]，且即使僅簽其雅號、渾號、筆名、藝名，未簽全名，但能證明確出於本人之意思表示者，仍生效力。至於，所簽之姓或名，是否確係該人所簽，發生爭執者，應屬舉證責任問題[2]。

但是，發票人如果未簽名，而以其他方式表示者，例如劃押或捺指印等，因現行票據法僅明定簽名，得以蓋章代之（票 6），

---

[1] 最高法院 71 年度台上字第 2139 號判決。
[2] 最高法院 64 年度第 5 次民庭庭推總會決議。

所以在票據上劃押或捺指印時，均不生票據上的效力。

票據法上之背書，依票據法第144條準用同法第31條規定，只須在票據背面或其黏單上簽名即可，並無一定之位置，亦無須特別表明權利讓與之意；亦即，凡在票據背面或黏單上簽名，形式上合於背書之規定者，即應負背書人之責任，縱令原非以背書轉讓之意思而背書，但因其內心意思，非一般人可得而知，為維護票據之流通性，仍不得解免其背書責任[3]。

本題中，王二雖然僅在本票簽其姓，未簽全名，依法仍生背書的效力。王二抗辯其未簽全名，不生效力，無法成立。不過就實際而論，如果背書人否認所簽的「姓」或「名」為其本人時，執票人須舉證證明背書的真實性，較為不利，所以執票人接受票據時，最好要求背書人簽署全名，以減少舉證的麻煩。

法律小觀點

背書固然僅記載於票據的背面即可，不過假使支票背面印有「請收款人填寫姓名」或類似請領款項等字樣時，本意如果是背書時，自不宜對準在收款人姓名欄下簽名，否則簽名之目的，究竟是在單純請領款項，或則是有意背書轉讓給他人的意思，可能會有爭議。

---

[3] 最高法院65年台上字第1550號判例。

Q33 小印章，大學問：商號背書的方式

> **Q** 在支票背書時，僅蓋用公司名稱章，並未加蓋負責人章或由其簽名，有生背書的效力嗎？
>
> **A** 有。在支票背書時，僅蓋用公司名稱章，足生背書的效力。

範例故事

王華在民國 110 年 4 月 6 日向甲明商行訂購食品 1 批，並簽發同年 5 月 6 日到期的支票 1 張交付，甲明商行負責人葉中收受後，在支票背面蓋上「甲明商行」店章，轉讓張如，支票到期後經提示，卻遭退票，張如索討時，該商行負責人葉中卻表示，背書時漏蓋負責人印章，依法不生背書的效力，是否有理？

說明解析

公司、商號簽發票據時，除了蓋用公司或商號的印章外，應否再由負責人蓋章，實務上早期採肯定說，認為簽發票據時，除了公司或商號印章外，應再有負責人簽章，載明代表法人意旨，才生發票的效力。因實際代表法人為行為之人即簽名者是誰，須載明於票據，始足防止票據之偽造或代表權之欠缺，故簽發支票時，僅蓋公司之印章，而未表明該印章是由誰所蓋，不具備完整的簽名，欠缺票據應記載事項而歸於無效[1]。但後來改採否定說，認為商號名稱（不問商號是否法人組織）既足以表彰營業體，則在票據背面加蓋商號印章者，即足生背書之效力，殊不

---

[1] 最高法院 53 年度台上字第 1201 號、61 年度台上字第 1146 號判決、前司法行政部民事司台（65）民司函字第 0977 號函。

以另經商號負責人簽名蓋章為必要。除商號能證明該印章係出於偽刻或盜用者外，要不能遽認未經商號負責人簽名或蓋章之背書為無效（最高法院 70 年 5 月 19 日第 3 次民事庭會議）。發票與背書均為票據行為，經商號負責人簽章之背書，既生背書之效力，則同一情形之發票行為，自亦無否認其效力之理由[2]。

因此，依目前見解，商號無論是否是法人組織，在票據背面加蓋商號印章者，即足生背書之效力，除非該商號能證明票上印章係出於偽刻或被盜用者外，要不能遽認未經商號負責人簽名或蓋章之背書為無效[3]。

本題中，甲明商行負責人葉中既已在支票背面蓋用商號之印章，足生背書的效力，自應負背書的責任，葉中的抗辯是沒有道理的。

法律小觀點

公司僅蓋用公司章，並未再由負責人簽名或蓋章時，實務現已統一見解，不再依其目的究竟在簽發票據或背書，作不同認定，較有助於票據的流通性，可免除事後不必要的爭議。

---

[2] 司法院 75 年 7 月 10 日（75）廳民一字第 1405 號函（民事法律問題研究彙編，第 5 輯，頁 131）。
[3] 最高法院 70 年度第 13 次民事庭會議決議（二）。

Q34 背書的生效要件

Q 簽個名就算背書嗎？

A 對。

範例故事

李華簽發面額新臺幣 10 萬元的本票 1 張，向王惟購買家具，王惟收票後，在本票背面簽名後轉讓給張輝。張輝在本票到期後，找不到李華本人，於是向王惟追討。王惟則表示在本票上簽名的目的，是在證明曾交票給張輝，該本票背面既未記載背書時間及被背書人即張輝姓名，應不生背書的效力等語，是否有理？

說明解析

票據權利的轉讓方法有二種：一為交付，一為背書。在第一種情形，由於執票人是直接將票據交給受讓人，並未在票據簽名，自然不負票款責任。不過這種情形，對於受讓人比較不利，所以受讓人通常會要求讓與人背書，以增加追索的對象。一般仍以第二種情形較為普遍。

背書的方式又有二種，一為記名背書，一為空白背書。但無論是何種方式的背書，背書人皆須在票據的背面簽名，票據背面不敷使用時，才以附加的黏單背書（票 31II）。茲將這二種背書方式，說明如後：

一、記名背書：又稱完全背書或正式背書。背書時應記載：（一）被背書人；（二）背書之年月日；（三）背書人簽名（樣式見附錄，第 258 頁）。

二、空白背書：又稱不完全背書、略式背書。背書時，並不記載被背書人，而僅由背書人簽名（至於背書之年月日，可記載亦可不記載）（樣式見附錄，第 258 頁）。

其次，背書依其目的不同，可分為票據權利轉讓背書與委任取款背書。支票之權利轉讓背書，只須在票據背面或其黏單上簽名即可，無須特別表明權利讓與之

意；而執票人以委任取款之目的而為背書時，依同法第 144 條準用第 40 條第 1 項規定，應於支票上記載委任取款之旨[1]。

但實務有以：「金融機構為防止爭端，對委任取款背書有甚為嚴格之規定：（一）需該票據為禁止轉讓背書者。（二）須有委任取款之文義載於票據背面。

（三）為其提出交換之金融機構並須加以證明係存入受任人之帳號[2]。」

本題中，王惟僅在票據背面簽名，並未記載背書年月日及背書人，是屬於空白背書方式，依法仍生背書的效力。因此王惟的抗辯是無理由的。

法律小觀點

空白背書與記名背書除形式不同外，轉讓方法也有異。
一、記名背書轉讓方式：以記名背書或空白背書轉讓皆可，但不可直接交付轉讓，否則背書不連續（見 Q39），受讓人無法行使票款權利。
二、空白背書轉讓方式：交付轉讓（票 32I）、再空白背書而轉讓（票 32II）、再記名背書轉讓（票 32II）、變更為記名背書而轉讓，亦即票據最後為空白背書時，執票人記載自己或他人為被背書人，變更為記名背書，再為轉讓（票 33）。

---

[1] 最高法院 109 年度台上字第 3214 號判決。
[2] 臺灣新竹地方法院 95 年度簡上字第 104 號判決。

你我的事，不要第三者介入：發票人記載禁止轉讓背書效力

> **Q** 發票人在票據記載禁止轉讓背書後，應否再對執票人的後手負責？
>
> **A** 不要。

範例故事

忠明貿易有限公司簽票向洋洋工藝社訂購布娃娃，曾在本票正面記載「禁止轉讓」字樣。不料，票據上之受款人洋洋工藝社收票後，仍背書轉讓給布商金波，金波嗣向發票人請求給付票款時，竟遭拒絕，忠明貿易有限公司拒絕付款，是否有理？

說明解析

票據是流通證券，可經由背書或交付方式轉讓，不過如果發票人或背書人只想要對受款人或直接後手負責，保留其抗辯權，以免票據遞轉他人時，無法對不知情的執票人抗辯（票 13），或增加額外的追索費用，自然可以在票據上記載禁止轉讓字句，免除票據的背書性。

票據上禁止背書轉讓的記載，雖屬票據得記載事項之一，但一經記載，即發生票據上的效力。發票人記載禁止轉讓之方式，票據法並未明定，實務上認為在票據正、背面記載均可，不過為了易於認定是何人所記載，原認為應由發票人在緊接記載的文句處簽名或蓋章，才生禁止背書轉讓之效力 [1]，但嗣從寬認定，以發票人縱未在記載的文句處簽章，依社會觀念足以認定由發票人於發票時為之者，亦發生禁止背書

---

[1] 最高法院 68 年台上字第 3779 號判例、財務部 64 年 1 月 30 日台財錢第 11020 號函、前司法行政部台（49）函參字第 9 號解釋、最高法院 75 年度第 9 次民事庭會議決議。

轉讓之效力[2]。所謂依社會觀念足以認定者，例如在票據上作禁止轉讓之記載時，係以與發票人之名稱連體刊刻或印刷體之方式為之，因該記載緊接發票人主簽名蓋章處，收票人很容易看出該記載即是發票人所為，其蓋章顯然具有「發票」及「禁止背書轉讓」之雙重意思，自無須就記載另行蓋章[3]。

發票人記載禁止轉讓後，受款人就不得再背書轉讓（票30II），受款人違反時，所為的背書，不生票據上背書的效力，僅生民法上一般債權轉讓的效果，所以發票人可以受通知時與讓與人間所存的抗辯事由，對抗受讓人[4]。

本題中，發票人忠明貿易有限公司在票據正面記載禁止轉讓時，如已在該記載之文句處簽章，或雖未簽章，但該記載之文句係與發票人名稱連體刊刻，蓋於發票人簽章處附近時，自已生記載禁止轉讓之效力，如果受款人洋洋工藝社仍然背書轉讓給金波，僅生普通債權轉讓的效果，忠明公司不須對金波負票據責任。所以，金波僅能向其直接前手洋洋工藝社請求，無法向發票人請求。

法律小觀點

無記名票據的發票人，可否作禁止轉讓的記載，法無明文。發票人記載禁止轉讓的用意，既然是在對特定的受款人保留抗辯權，無記名票據上並未記載受款人，發票人在無記名票據上作禁止轉讓的記載時，該記載殊無任何意義可言。

---

[2] 最高法院 77 年度第 23 次民事庭會議決議。
[3] 台北市銀行商業同業公會 65 年 4 月 12 日會業字第 417 號函。
[4] 民法第 299 條第 1 項、最高法院 87 年度台簡上字第 30 號判決。

Q36 發票人記載禁止轉讓背書後,再塗銷之記載

Q 發票人在票據記載禁止轉讓背書後,可否再塗銷原記載?

A 可以。

範例故事

承 Q35,忠明貿易有限公司在簽發面額 10 萬元的本票爲定金時,曾在本票正面記載「禁止轉讓」字樣。該公司如果想塗銷原記載,應以如何之方式進行,才能發生效力?

說明解析

在票據上記載禁止轉讓字句,用意在免除票據的背書性,保留其抗辯權,但如此一來,其後手就無法經由背書方式轉讓,所以在記載「禁止轉讓」字樣後,再塗銷原記載,當然更符合票據是流通證券的性質,但應以如何之方式塗銷原記載,因票據法雖無塗銷禁止轉讓記載之規定,但亦未明文禁止塗銷,且票據爲文義證券,只需發票人或記載禁止轉

讓之背書人於其塗銷處簽名或蓋章,應即發生塗銷之效力(票11III)。所以塗銷欠缺簽名或蓋章,無法辨認爲何人所爲,有悖文義證券之特性,並有礙票據之流通及交易之安全,應認塗銷不生效力。

本題中,發票人忠明貿易有限公司在票據正面記載禁止轉讓後,如果想塗銷原記載,應在記載「禁止轉讓」字樣後,塗銷原記載(劃掉該記載或打叉),並在該塗銷處簽名或蓋章,才發生塗銷之效力。

法律小觀點

記名支票發票人為「禁止轉讓」之記載後，於禁止轉讓4字上劃「＝」之記號者（即塗銷原記載），該禁止轉讓之記載，是否失效，實務曾有不同見解，現採肯定說[1、2]。

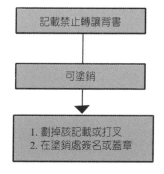

---

[1] 臺灣彰化地方法院研討結論。
[2] 最高法院 96 年度台上字第 959 號判決。

Q37 背書人記載禁止轉讓背書效力

> **Q** 背書人在票據記載禁止轉讓背書後，應否再對執票人的後手負責？
>
> **A** 不需要。

範例故事

承 Q35，本票受款人洋洋工藝社在收受忠明貿易有限公司本票後，再背書轉讓給布商金波，亦在本票正面記載「禁止轉讓背書」字樣，但金波仍然轉讓背書予張華，張華在本票到期後，仍向洋洋工藝社及金波請求給付票款時，是否有理？

說明解析

背書人想要對受款人或直接後手，保留其抗辯權，以免票據遞轉他人時，無法對不知情的執票人抗辯（票 13），或增加額外的追索費用時，可以在票據上記載禁止轉讓等類似字句，以免除票據的背書性。

背書人記載禁止轉讓時之方式，票據法並無明定，實務上最初見解及金融機構見解原均要求背書人記載禁止轉讓的字句，必須在票據背面，如記載在其他地方，記載無效，且背書人亦應記載禁止之日期，以及加蓋與背書相同的印章[1、2]。但後來則傾向於背書人亦可在票面上記載禁止轉讓（同 Q35 註 1）。

不過，為了避免爭執起見，背書人如有記載禁止轉讓的必要，還是以在票據背面記載為宜。票據記載禁止轉讓背書後，仍然可以再以背書方式轉讓，只是原記載的背書人，僅對於自己的直接被背書人（直接後手）負責，而對於被背書人的後手，則不負責任。

---

[1] 前司法行政部台（49）函參字第 9 號解釋。
[2] 財政部 49 年 3 月台財錢發字第 1282 號令。

背書人記載禁止轉讓背書後，可否再塗銷該記載，實務認「票據上之記載，除金額外，得由原記載人於交付前改寫之。但應於改寫處簽名」（票11）。且票據為文義證券，只須發票人或記載禁止轉讓之背書人於其塗銷處簽名或蓋章，應即發生塗銷之效力。例如，支票上「禁止背書轉讓」之記載，業經公司之董事長，刪除並蓋董事長之印章於其上，雖在塗銷之處欠缺公司章，惟綜觀其於票據上之表意，足認係以其負責人為上揭塗銷，已足以辨認是何人所為，並無悖於文義證券之特性，亦無礙票據之流通及交易之安全，應認其塗銷「禁止背書轉讓」之記載，已生效力，不再有禁止禁止背書轉讓之限制[3]。

洋洋工藝社在背書轉讓本票給布商金波時，既已在本票正面記載「禁止轉讓背書」字樣，雖金波仍然有權轉讓背書予張華，但洋洋工藝社僅對金波負擔背書責任，不須對張華負責，張華向洋洋工藝社請求，顯無理由。

法律小觀點

背書人在為禁止轉讓之記載後再予塗銷，實務從寬認定以可辨認何人所為者，即或未在塗銷處簽章，仍生塗銷之效力，此與發票人塗銷禁止背書之方式尚有不同。

---

[3] 臺灣臺北地方法院93年度簡上字第678號判決。

背書的不可分性及單純性

> **Q** 背書可以附條件嗎？
>
> **A** 不可以。如果附條件背書仍生效力，其條件視為無記載。

範例故事

鍾民在民國 110 年 9 月 1 日，向其胞兄借用發票日為同年 12 月 1 日，面額新臺幣 15 萬元的支票 1 張，持向林山購買銑床 2 台，但鍾民顧慮所購之機器日後如生瑕疵，索賠不易，所以在背書轉讓支票時註明「如林山交付的機器試用 3 個月內有重大問題時，背書不生效，執票人不得向本人及發票人請求票款」等字句。而機器買回後，果然屢生故障，林山又不前來修理。鍾民除商請胞兄暫緩存入足額票款外，並於林山提示退票時，拒負背書責任，是否有理？

說明解析

背書是票據最常見的轉讓方式，受讓人也因而取得票據之權利。背書應在票據背面為之，但票據背面已無背書位置時，可在黏單上為之[1]。因此，凡在票據背面或黏單上簽名，而形式上合於背書之規定者，即應負票據法上背書人之責任，縱令非以背書轉讓之意思而背書，因其內心效果意思，非一般人所能知或可得而知，為維護票據之流通性，仍不得解免其背書人之責任。至於，支票執票人以委任取款為目的所為之背書，僅係授與被背書人收取票款之代理權，並不發生票據權利移轉之效果，票據權利仍屬背書人所有（票 144 準用 40[2]）。

---

[1] 票據法施行細則第 8 條規定：「票據得於其背面或黏單上加印格式，以供背書人填寫。但背書非於票背已無背書地位時，不得於黏單上為之。」
[2] 最高法院 65 年台上字第 1550 號判例、102 年度台簡上字第 17 號判決。

背書除應具備前述票據行為的特性外，尚有下列特性：

一、不可分性。票據是提示證券，票據的權利轉讓時，除了在票據上背書外，亦應移轉票據的占有，所以背書人不可以僅轉讓票面金額的一部分，或將票面金額分別轉讓數人（票36前段）。例如，面額2萬元的支票，甲將其中的1萬元背書給乙，自己保留1萬元；或者各將1萬元背書給乙及丙，皆有礙背書的完整性。

二、單純性。票據是流通證券，票據上記載的權利，必須確定，所以背書不可附記條件。如果附記條件，背書仍生效力，其條件則視為無記載（票36後段）。

三、連續性。由於執票人應以背書的連續，證明其權利（票37I前段），所以背書不可中斷（請參閱Q39）。

本題中，鍾民在背書時，所附記的條件，違背背書的單純性，該條件視為無記載，所以，鍾民仍應負背書責任。

法律小觀點

雖然背書時，不可附記條件。不過，由於林山所交付的機器有瑕疵，所以鍾民在林山請求付款時，仍然可以抗辯機器的瑕疵，而解除買賣契約，或請求減少價金[3]，甚至請求賠償[4]。但如果林山將票據轉讓給不知情的第三人時，鍾民將無法抗辯，所以鍾民要保留抗辯權，不妨在票上記載禁止轉讓背書。

[3] 民法第359條規定：「買賣因物有瑕疵，而出賣人……應負擔保之責者，買受人得解除其契約，或請求減少其價金。但依情形，解除契約顯失公平者，買受人僅得請求減少價金。」
[4] 民法第360條規定：「買受之物缺少出賣人所保證之品質者，買受人得不解除契約或請求減少價金，而請求不履行之損害賠償。出賣人故意不告知物之瑕疵者亦同。」

Q39 背書的連續

> **Q** 載有受款人名稱的票據，可以不經背書，直接交付嗎？
>
> **A** 不可以。

範例故事

林先生在民國 110 年 2 月 1 日，簽發同年 5 月 1 日到期，面額新臺幣 30 萬元的本票 1 張，向李先生購貨，本票正面並載明受款人為李先生。李先生收受本票後，在同年 3 月 1 日因週轉困難，於是向張先生借款 30 萬元，雙方除書立借據外，並由李先生交付前述本票為擔保。同年 4 月 16 日李先生償還借款後，欲向張先生索回本票時，張先生卻表示已將本票轉讓他人，無法歸還李先生。果不其然，在本票到期後出現一位丁先生先向林先生請求付款，被林先生拒絕後，又改向李先生請求支付票款，丁先生的請求是否合理？

說明解析

票據上載有受款人的名稱時，受款人如果要轉讓票據，必須以記名背書或空白背書的方式轉讓，絕對不可以直接交付，否則會發生背書不連續的情形，最後執票人將無法行使票據上權利。

所謂背書的連續，是指由票據背書的形式上來看，每一次背書都互相銜接。因此背書連續時，執票人有合法權利，票據債務人自有付款的業務，反之背書不連續時，執票人則無法行使票據權利。

背書的連續與否，依背書種類的不同（如附錄，第 259 頁）。

另民間常有一種情形，即債權人於債務人簽發記名式票據借款時，要求債務人先將票據交由第三人背書後，再交還債權人，以獲得追償的保證，實際上這種

情形，由於債權人對第三人未背書，背書仍不連續，債權人對第三人並無法求償[1]。

本題中，林先生簽發的票據正面既已記載受款人是李先生，依法李先生應以背書方式轉讓，不過由於李先生當初交票給張先生的用意僅在保證，並無轉讓的意思，因而亦未在票據上簽名。所以，張先生後來轉讓票據給丁先生，丁先生所持有的本票即屬背書不連續，依法不可向李先生請求支付票款。

法律小觀點

背書是否連續，付款人是形式上審查，並不做實際調查，所以付款人對於各背書人的簽名是否真正，及最後執票人是否有真正權利，皆不負認定的責任。除非付款人是自始知情或有重大過失（例如，已接到止付通知，卻疏於注意，仍予付款），才須負責（票71II）。

---

[1] 最高法院 51 年度第 4 次民刑庭總會決議（六）。

Q40 背書的效力

> **Q** 以限定用途的印章背書，生背書效力嗎？
> **A** 不生效力。

範例故事

王大簽發 1 張支票，向明發家具有限公司購買家具，並記明受款人為「明發家具有限公司」。不料，該公司外務員李二收受支票後，竟起意私吞，便利用該公司收文專用印章（印章上刻有收件專用字句），在支票背面蓋該印章後，持向不知情的張三借款。支票到期後，張三因提示未獲付款，於是以「明發家具有限公司」之負責人陳明發為被告，起訴請求給付票款。張三的請求，是否合理？

說明解析

在票據上背書，固然應該要負擔背書的責任，但是表彰背書的圖章，已限定於特定用途者，例如，「收件專用或領款專用」等，實務原採肯定說，認仍生背書之效力[1]，但嗣後採否定說，認如記明特定用途之字樣而與票據權利義務無關者，自與背書的用意無關。該票據背面使用該種圖章背書，當然不可以認為是代替簽名用的印章，而認為有背書的效力[2]。

其次，張三是以明發家具有限公司負責人陳明發為被告，但由於訴狀上記載方式的不同，也會產生主體上的差異性。

一、訴狀上記載被告「明發家具有限公司法定代理人陳明發」字樣，則被告僅是公司與負責人無關。

二、訴狀上記載被告「陳明發」字樣，則被告是陳明發個人與陳明發經營之公司無關

---

[1] 最高法院 57 年度第 2 次民刑庭總會會議決議（六）。
[2] 臺灣高等法院暨所屬法院 96 年法律座談會民事類提案第 12 號提案。

（法院常接到這種將被告主體弄錯的案件）。因就法律的觀點來看，公司是一個獨立的主體，與公司的成員（董事長、經理、股東）無關。所以，以公司名義所做的法律行為，權利義務歸於公司；反之，以個人名義所做的法律作為，權利義務歸於個人。以本題而言，票據上並無個人印章，張三如以陳明發為被告時，法院會以陳明發並非義務主體，駁回張三的請求。

三、訴狀上記載被告「明發家具有限公司陳明發」字樣。由於訴狀內未列陳明發為法定代理人，所以法院會問明原告，如果是告公司，會命補正為「法定代理人」陳明發，然後依第一種情形辦理；如果是告個人，則依第三種情形辦理，如果是同時告公司與個人，則依前二種情形辦理。

本題中，李二所用來背書的明發家具有限公司印章，既經註明「收件專用」，足見該印章不可以作為其他用途。李二以該印章背書，已逾越該印章限定的用途，不生背書的效力，背書自然不連續。又背書不連續時，執票人不可主張票據法上的權利（票37）。所以，執票人張三，訴請明發家具有限公司付款是於法不合的。

法律小觀點

在法律上，「公司」是獨立的主體，與公司的成員（董事長、經理、股東）無關。所以，以公司或公司成員名義所做的法律行為，權利義務各歸於公司或個人。

Q41 到期日後背書的效力

Q 支票到期後可再轉讓嗎？

A 可以。但僅有通常債權轉讓之效力。

範例故事

石大簽發第一商業銀行臺中分行民國 109 年 11 月 15 日，面額新臺幣 5 萬元的支票 1 張，向王明購貨 1 批，支票到期後，王明向付款銀行提示卻被退票，剛好王明另積欠張中 5 萬元未還，於是王明在同月 18 日將支票及退票理由單交付張中抵債。張中持票向石大催討時，石大辯稱：「王明所交的貨物有瑕疵，在王明未與他解決前，不願付款。」是否有理？

說明解析

作成拒絕付款證書後，或作成拒絕付款證書期限經過後所為之背書，稱為期限後背書。票據是流通證券，也是無因證券，依

法票據的債務人不得以自己與發票人或執票人的前手間所存抗辯的事由對抗執票人（票 13 前段）。不過，假使最後執票人的前手在票據到期後不即請求付款，仍將票據流通轉讓，易致糾紛，且不合事理，當然沒有再保護最後執票人的必要[1]。所以票據法第 41 條第 1 項規定：「到期日後之背書，僅有通常債權轉讓之效力。」換言之，票據到期後，才受讓票據者，所取得的票據上權利，將不受前述票據法第 13 條前段規定的保護。因此，不問最後執票人是否知悉票據債務人與執票人前手間存在著可以抗辯的情形，票據債務人都可以對抗背書人的事由，來對抗被背書人，最後執票人不受票據抗辯之切斷保護[2]。

---

[1] 參照票據法第 41 條第 1 項於 62 年 5 月 28 日的修正理由。
[2] 最高法院 70 年度台上字第 2645 號判決。

至於，期限後空白背書交付轉讓票據者，亦屬期限後背書。例如，於提示期間經過後才提示支票，因發票人撤銷付款委託遭退票，第一執票人才將支票交付第二執票人，自屬期限後背書，發票人可以對抗第一執票人之事由，轉而對抗第二執票人[3]。

本題中，張中是在支票到期後，才受讓票據，依法僅有通常債權轉讓的效力。所以，發票人石大以抗辯背書人王明的事由，來對抗張中，是於法有據的。

法律小觀點

到期日後的背書與到期日前的背書，所負責任差別懸殊；因此，背書未記明日期者，推定是在到期日前背書（票 41II）。

[3] 最高法院 109 年度台簡上字第 29 號判決。

Q42 委任取款背書

Q 可以背書委任取款嗎？
A 可以。但必須記明委任取款之意旨。

範例故事

王大因售貨給張二，而取得張二所簽發面額新臺幣 10 萬元的抬頭本票 1 張，本票到期後，王大因事務繁忙，於是在票上簽名背書後，將票交付李三代為取款。不料，李三向張二表明是代王大索款時，張二竟抗辯李三尚欠其 6 萬元未還，僅願交付 4 萬元給李三，是否有理？

說明解析

票據之背書依其目的不同，可分為票據權利轉讓背書與委任取款背書。前者只須在票據背面或其黏單上簽名即可，無須特別表明權利讓與之意（票 144 準用 31）；後者指執票人為委託代為取款，而在票據上背書，此種背書之目的不在轉讓票據權利，

而在授與被背書人取得代為領取票面金額的權限。所以票據權利仍屬背書人，於被背書人行使權利時，票據債務人能以對抗背書人（委任人）的事由來抗辯（票 40IV），而非以被背書人（受任人）個人的事由來主張。

票據法第 40 條第 1 項僅規定：「執票人以委任取款之目的，而為背書時，應於匯票上記載之。」至於委任取款如何記載，法無明文，所以在票據上記載：「票據所載金額茲委託李三代領」、「因收款，委託李三代領」之類似意旨，皆屬委任取款背書。

至於，劃平行線支票之執票人，如非金融業者，應將該支票存入其在金融業者之帳戶，委託代為取款（票 139III）[1]。

委任取款後時，得又對受任取

---

[1] 最高法院 51 年度台上字第 3526 號判決。

款之人收回票據或撤回該授與，亦得將該支票背書及交付而再轉讓（票 144、30II）。因此，支票上之背書性質究竟為何，應就收受票據當事人間所存在之客觀情事判斷，而不能逕以背書時之情況認定。如有爭議時，由於票據為文義證券，票據上之權利義務，應基於外觀與客觀解釋原則，斟酌一般社會通念、日常情理、交易習慣與誠信原則，就票據所載文字內涵為合理之觀察。

故不僅憑請領款欄位之簽章外觀認定，尚可斟酌有無空白背書轉讓該支票之可能觀察[2]。

本題中，王大背書的目的，雖然是委託代為領款，但因為票據並未記載其意旨，不生委任取款的效力，僅能論以一般背書（票40I）。因此發票人張二在李三向其索款時，可以李三尚欠其6萬元作為抗辯，不受王大背書目的的拘束[3]。

法律小觀點

執票人有意委任取款，卻未在票上記明委任取款文義時，因形式上是通常的轉讓背書，可能有不同解讀。為了避免日後的爭執，背書人想要委託他人代為領款時，最好還是將委任取款的意旨記載清楚，以免發生糾紛時，不易舉證。

---

[2] 最高法院 58 年度台上字第 348 號判決。
[3] 最高法院 52 年度台上字第 2354 號判決。

Q43　背書的塗銷

Q 執票人塗銷背書，會影響背書效力嗎？

A 應視執票人是否故意塗銷背書而定。

範例故事

趙一簽發支票1張給錢二，錢二收票後背書轉讓給張三，張三再背書轉讓給李四，李四又再背書給王五，王五收票後，應張三的請求，將張三的背書塗銷，並交付孫大。支票到期後，孫大將支票提示竟遭退票，於是以發票人趙一及其餘背書人為共同被告起訴請求連帶給付票款。訴訟過程中，張三抗辯其背書已被王五塗銷，不須負背書責任，孫大則主張支票現於其手中，王五的塗銷行為對其不生效力，誰的主張較有理由？

說明解析

將票據上的簽名或記載塗抹或消除，稱為票據的塗銷。其中，被塗銷簽名的部分如為背書時，是否會影響背書的效力，應視塗銷之權利人是否故意而定。

一、非故意塗銷時。票據法第17條規定：「票據上之簽名或記載被塗銷時，非由於票據權利人故意為之者，不影響於票據上之效力。」所以，票據權利人不慎將票據上的背書塗銷時，被塗銷的背書人責任不因此受影響。

二、故意塗銷時。依票據法第17條的反面解釋，票據權利人故意塗銷票據的簽名或記載時，被塗銷的部分不再有票據上的效力。例如，部分的背書人被故意塗銷後，該背書人就不再負背書的責任；不但如此，在被塗銷背書人名次之後，而於未塗銷以前為背書者，均免其責任（票38）。此外，背書人清償後，亦可塗銷自己及後手的背書（票100II）。

三、至於，塗銷非由權利人所為者，無論塗銷是否出於故意，票據上權利皆不受影響。例如，非合法執票人將

票據上部分之背書塗銷時，該部分背書人仍負背書責任；再如票據被劃 × 時，亦不影響票據的效力。至於塗銷者是否構成毀損罪，則屬另一問題[1]。

本題中，趙一為發票人，錢二為第一背書人，王五為最後背書人，依法皆應依票據文義負責（票5）。張三的背書被塗銷時，因塗銷人王五當時為執票人，自屬有權利塗銷，張三的背書責任即因而免除；李四係在張三背書後，王五塗銷前所背書，依法亦免負背書責任。所以，張三的抗辯於法有據，孫大的主張無法成立。

法律小觀點

票據的塗銷，應僅限於票據外觀尚可辨認而言，如果票據已被截斷或撕毀，致其法定應記載事項內容有所欠缺（如欠缺發票日），票據會成為無效。

---

[1] 澎湖地方法院 53 年 11 月司法座談會。

Q44 背書不連續

Q 已記載受款人名字之支票，可以直接交付轉讓嗎？

A 不可以。應該背書轉讓。

範例故事

李明因向王四買冷氣機而簽發支票給王四，受款人欄記明王四之姓名，王四未經背書即交付轉讓給張大，張大再背書交付鄭重，鄭重向銀行提示不獲兌現，能否對發票人李明追討？

說明解析

票據依其票上有無記載受款人之姓名，有記名票據與無記名票據之分，前者要記明受款人，後者不要。又票據按其轉讓的方式，有背書及交付之分，前者係載明背書人（或併載被背書人）之名稱後而轉讓，後者，無須記載背書人之名稱，而直接交付後手。至完整記載背書人及被背書人之名稱者，稱為正式背書（又稱完全背書）；而僅記載背書人之名稱，並未記載被背書人者，稱為空白背書（又稱略式背書）。

無記名票據，既未記載受款人的名稱，所以可採正式背書或空白背書方式轉讓，亦可直接轉讓（票 144、30I）。

記名票據因已記明受款人名稱，該受款人僅能依正式背書或空白背書的方式轉讓，而不可直接交付，否則會有票據背書不連續的情形，未能認定是合法受讓票據，不得行使票據上權利。故票據法第 37 條第 1 項前段規定：「執票人應以背書之連續，證明其權利。」此項規定依同法第 124 條之規定準用於支票。換句話說，背書之連續（參 Q39）乃票據權利人資格之證明，執票人行使權利之要件。故持有背書不連續的支票執票人，因無法證明其為真正票據權利人，自不能對發票人行使追索權。

因此，背書人中有部分被塗銷時，如該票據係無記名票據或空白背書時，因形式上不影響背書之連續，對於背書之連續，視為無記載。但如果塗銷之背書部分，係受款人或正式背書時，因影響到背書之連續，則對於背書之連續，視為未塗銷（票 144、37III）。

本題中，李明簽發支票時，既已於受款人欄記明王四之姓名，王四卻未以背書方式轉讓，就直接交付給張大。從形式上來看，張大並非合法受讓該支票，即使張大是以背書方式轉讓給最後執票人鄭重，該支票之背書仍然不連續，依票據法第 144 條準用同法第 37 條第 1 項規定，不能證明其為真正票據權利人，依法是不能對發票人李明行使追索權的[1]。

法律小觀點

記名式票據除有禁止背書之記載外，其讓與方法，無論為完全背書、略式背書或其他背書方法，均不問。至於，自始係略式背書的票據，無背書不連續之問題。

[1] 最高法院 51 年度台上字第 1934 號、70 年度台上字第 1320 號判決、最高法院 51 年度第 4 次民、刑庭總會會議決議（六）、司法院 74 年 1 月 9 日（74）廳民一字第 014 號函。

Q45　票據保證與民法保證規定比較

Q 票據保證與民法保證效力相同嗎？

A 兩者不相同。

範例故事

王東簽發面額新臺幣 20 萬元的本票 1 張，想向鄭華借款，鄭華認為王東的信用不佳，希望王東另覓財務狀況較佳之人作保，才願借款。鄭華想了解是以本票保證，還是以民法保證的方式出借款項，較有利於債權人？

說明解析

保證有人的保證（例如，連帶保證）與物的保證（例如，不動產抵押）之分。人的保證又有民法的保證（民 739）與票據的保證之分。所謂票據的保證，指票據債務人以外的第三人，為擔保票據上債務的履行，所作的一種票據行為。

票據保證僅匯票與本票才有，支票則無（票 58、124）。票據保證與民法保證相比較，有下列不同點：

一、票據保證應具備一定的形式。也就是說應由保證人在匯票（或本票）或該票據謄本上記載保證人之意旨、被保證人姓名及年月日，並由保證人簽名（票 59、124）。民法保證則不拘形式，書面或口頭均可。

二、票據保證的共同保證人負連帶責任（票 62）。民法的共同保證人得約定不負連帶責任（民 748）。

三、票據保證人無先訴抗辯權（票 61）。民法保證人除非是連帶保證人，才負擔與被保證人的同一順序清償責任，否則原則上有先訴抗辯權，可以主張於主債務人無力償還時，始由保證人負責

（民 745、746 ①）[1]。

四、票據保證人清償後，有追索權（票 64）。民法保證人清償後有求償權及代位權（民 749）[2]。

五、票據時效依票據法第 22 條之規定（請參閱 Q28），是短期時效。民法保證時效較長是 15 年（民 125）。

六、票據保證是單獨行為，不須得債權人同意，而且有獨立性，不因主債務是否有效而影響（票 61）。民法保證須經債權人同意，是契約行為，且主債務無效時，保證債務原則上也無效（民 743）[3]。

兩者之不同點，以票據保證的獨立性最特殊（參 Q46）。

本題中，如果不考慮票據保證的短期時效性，可能因時效的消滅，而影響請求權外，應以票據保證對鄭華較便捷有利。

法律小觀點

票據保證與民法保證的成立要件與效力各有不同，且其中本票的請求方式（票 123，並參閱 Q56 到 Q69），更有其特殊性，債權人可依最適合自己之方式考慮。

---

[1] 民法第 746 條第 1 款：「有下列各款情形之一者，保證人不得主張前條之權利（先訴抗辯權）：一、保證人拋棄前條之權利。」

[2] 民法第 749 條：「保證人向債權人為清償後，於其清償之限度內，承受債權人對於主債務人之債權。但不得有害於債權人之利益。」

[3] 民法第 743 條：「保證人對於因行為能力之欠缺而無效之債務，如知其情事而為保證者，其保證仍為有效。」

Q46 本（匯）票保證責任

Q 本（匯）票發票行為無效，是否影響保證？

A 不影響。

範例故事

承 Q45，王東因急需現金週轉，未經其父王西同意，即以王西名義簽發 20 萬元的本票 1 張，並經其父摯友蔡樂在票上保證後，將本票交付鄭華後借得 20 萬元。債務到期後，王東無力還債，鄭華於是持票向王西請求付款，王西表示他自始不知王東簽發票據的事情，而且也未曾授權王東簽發票據，無須對票款負責。鄭華因此轉向蔡樂請求票款，蔡樂也說既然本票是王東擅自簽發，自己替王西所保證的債務也隨之無效，自是不需要給付票款。王西與蔡樂兩人的辯解是否均於法有據？

說明解析

票據的簽發，無論是發票人親自或者是授權他人簽發，都一定是出自發票人的本意，因此未經發票人的同意，擅自簽發票據時，該偽造的發票行為當然無效。

一般來說，主債務無效或撤銷時，保證債務也跟著無效（民 743、744）。但在票據保證時，則有不同。因為票據是流通證券，如果發票行為無效，就可能影響其他票據行為，持票人常須先調查發票行為是否有效，才決定要不要收受票據，這樣一來不但會妨礙票據的流通，而且無法充分維護交易的安全。所以，票據法第 61 條第 1 項及第 2 項前段特別規定：「保證人與被保證人負同一責任。被保證人之債務縱為無效，保證人仍負擔其義務。」使票據保證具有其獨立性。

此外，公司法第 16 條第 1 項規定：「公司除依其他法律或公司章程規定以保證為業務者外，不得為任何保證人。」則公司如非以保證為業務者，執票人請求該公司在匯票及本票上擔任保證

人時，應注意公司法前述規定[1]。

本題中，王西的簽名，既是王東所僞造，發票行爲當然就無效，但由於這並非作成方式有所欠缺的無效，所以保證行爲仍然不受影響，蔡樂仍然應負擔保證債務。王西的抗辯是有理由的，蔡樂的抗辯則於法不合。

法律小觀點

票據保證的獨立性，僅限於由票據形式上觀察。形式上票據有效時，縱使實際上是無效的發票行爲（例如，無行爲能力人之發票或僞造時），保證人仍應負責（票 61II 前段）；反之，如果票據的形式自始就有所欠缺時（例如，票據未記載發票日），執票人由形式上既可認定票據是無效，就沒有必要再保護執票人。因此，不但保證債務會隨著無效（票 61II 但書），連其他的票據行爲亦會無效[2]。

---

[1] 最高法院 43 年台上字第 83 號判例。
[2] 最高法院 49 年度台上字第 555 號判決。

PART1

總則篇

093

Q47 支票之保證

Q 支票上記載「保證人」字樣，有無保證的效力？

A 沒有。

範例故事

錢文簽發支票 1 張，持向姚寶借款，姚寶囑錢文提供擔保，錢文因無不動產，乃央請好友田正在支票背面記載「保證人」字樣並蓋章後，將支票交付姚寶而借得新臺幣 10 萬元。支票到期後，姚寶向銀行提示未能兌現，訴請錢文及田正連帶給付票款，田正抗辯他是保證人，並非背書人，不應向他請求，是否有理？

說明解析

票據是嚴格的文義證券，所以票據應記載的事項，及得記載的事項，票據法不但都有明確的規定，且即使不得記載的事項，亦有規定。例如，票據法第 128 條第 1 項規定：「支票限於見票即付，有相反之記載者（如限定提

示的金額或日期），其記載無效。」至於，票據上記載票據法沒有規定的事項時，所生的效力如何呢？依照票據法第 12 條的規定，此種記載，不生票據上的效力。例如，票據法並無違約金的記載，所以本票上記載違約金時，不生票據上的效力，執票人就此部分，本於票款關係請求時，法院不會准許違約金部分。但所謂「不生票據上效力」僅指票據關係而言，至一般民法的效力仍然發生[1]。因此，本於民法的借貸關係仍可請求違約金。

雖然，支票沒有準用關於保證的規定，但公司為共同發票或背書行為，法律並不禁止。因此，債權人如果想增加其債權保障，要求以公開發行公司簽發或共同簽發支票或背書之方式為之，一樣可以達到保證的效果。

---

[1] 最高法院 50 年台上字第 1372 號判例。

本題中，由於支票沒有準用關於保證的規定，所以田正在支票上記載「保證人」字樣，不生保證的效力。但因田正已在支票背面簽名，已生背書的效力[2、3]。所以，姚寶請求田正連帶給付票款，是於法有據的。

法律小觀點

依票據法之規定，公司除不得為支票之保證人外，公司法第 16 條亦明定其限制及違反之效力：「公司除依其他法律或公司章程規定得爲保證者外，不得爲任何保證人。公司負責人違反前項規定時，應自負保證責任，如公司受有損害時，亦應負賠償責任。」

2　司法院 72 年 5 月 25 日（72）廳民一字第 320 號函。
3　最高法院 53 年台上字第 1930 號判例。

Q48 追索權的行使

Q 有記載擔當付款人之本票，一定要先向擔當付款人請求嗎？

A 是。

範例故事

蘇明簽發以臺灣銀行臺中分行為擔當付款人，面額新臺幣 10 萬元的本票 1 張，向洪宗借款，洪宗付款後，將該本票背書轉讓給何英。不料，本票到期時，何英未向臺灣銀行臺中分行提示，卻直接向蘇明請求，經蘇明表示無法付款後，何英是否可以向背書人洪宗追索票款？

說明解析

在票據上簽名者，無論是發票人、承兌人、背書人或其他票據債務人（如保證人），都負連帶責任。因此，執票人對於債務人中的 1 人、數人或全體追索（票 96I、II）。但是，執票人要行使追索權之前，必須於向付款人請求付款，未獲付款時，才可向各前手追索，所以行使追索權，須具備下列要件：

一、按規定期限向付款人請求付款

匯票為見票即付者，應自發票日起 6 個月內提示付款（票 66II 準用 45）；如為其他匯票（定日付款、發票日定期付款、見票日後定期付款）或本票者，應在到期日或其後 2 日內提示付款（票 69I）[1]。但匯、本票上有擔當付款人者，應向擔當付款人請求（票 124、69II）。

所謂擔當付款人，是指代付款人實際付款的人，通常會指定由銀錢業者來擔任，其雖然不是票據之債務人，但因代替發票人付款，所以須先對之請求。

---

[1] 司法院第一廳 73 年 5 月 11 日（73）廳民一字第 0368 號函復臺灣高等法院。

二、作成拒絕證書

執票人於付款人拒絕付款時，應於拒絕付款日或其後 5 日內作成拒絕證書，執票人允許延期付款時，應於延期的末日，或其後 5 日內作成（票 87II）。拒絕證書，應由拒絕承兌地或拒絕付款地的法院公證處、商會或銀行公會作成之（票 106）。但由於未指定付款人的本票，皆已印妥「免除作成拒絕證書」字樣，因此執票人向本票發票人提示，未獲付款時，無須再作拒絕證書，即可追索；而本票或匯票已指定擔當付款者，該受指定的

銀錢業者如未付款時，依慣例會在退票時附具退票理由單，所以執票人亦無須再請求作成拒絕證書。

追索權應依前述程序請求，否則會對於一切的前手喪失追索權（票 104I）。

本題中，本票上既已記載擔當付款人，執票人何英應該先向擔當付款人臺灣銀行臺中分行提示。其直接向發票人蘇明提示，與法定程序不合，不能認為已有合法的提示，因此何英對於背書人洪宗不得行使追索權。

法律小觀點

支票因付款人即是銀錢業，所以無指定擔當付款人的必要。

Q49 回頭背書的追索

Q 回頭背書的票據，可向其前手請求支付嗎？

A 不可以。

範例故事

曾茂在民國 110 年 11 月 1 日，簽發同年 12 月 10 日，面額新臺幣 10 萬元的支票 1 張，向文賓經營的電器行購買電器。文賓收票後，在同年 11 月 10 日持向丁明調現，丁明付款後，又將支票背書轉讓司輝，司輝收票後，在同年 12 月 1 日到文賓的電器行購買電器，並以同一支票背書轉讓作為貨款。支票到期後，文賓到付款銀行提示，因曾茂的存款不足而被退票，文賓除向曾茂追索外，是否也可向丁明及司輝請求給付票款？

說明解析

票據是流通證券，轉讓的對象，無明文限制。因此發票人簽發支票交付後，在轉讓的過程中，如果再轉讓給原來的發票人或背書人之一（票 34I），像這種情形即屬回頭背書、還原背書或逆背書，其轉讓的過程如下列兩種情形：

> 一：甲（發票人）交付乙　背書　丙→丁→甲（執票人成為原發票人）
>
> 二：甲（發票人）交付乙　背書　丙→丁→戊→丙（執票人為原背書人之一）

以第一種情形而言，當甲是發票人時，乙、丙、丁皆是他的後手；但當甲是執票人時，乙、丙、丁又成為他的前手。因此，如果准許甲以執票人的身分向前手催討時，乙、丙、丁又將以原為發票人後手的身分來向甲催討，使得甲的追討成為無意義。所以票據法規定，在這種情形，甲不可以執票人的身分，向他的前手乙、丙、丁追索（票 99I）。

以第二種情形而言，丙是背書人身分時，甲、乙是他的前手，

丁、戊是他的後手；但丙是執票人身分時，甲、乙、丁、戊皆是他的前手。對於甲、乙而言，無論丙以何種身分催討，皆是他們的後手，當然可對他們追索；然而對丁、戊而言，如准許丙來追索，和前述第一種情形理由相同，丁、戊又可再向丙求償，所以票據法規定，在這種情形，執票人丙不可對其原來的後手丁、戊追索（票 99II）。

本題中，文賓雖是執票人，但亦是背書人之一，所以僅可向發票人曾茂追索，而不能向原來後手丁明及司輝追索。

法律小觀點

實務見解認為，發票人簽發票據交付甲後，即或有輾轉由乙空白背書交回發票人後，發票人再交付最後執票人丙以抵付買賣價款之情事，但如乙僅於支票上為空白背書而未記載發票人為被背書人，並非回頭背書[1]。

由於票據是文義證券，也是形式證券，所以如果由票據記載的內容及形式上觀察，不能認定有前述回頭背書的情形時，票據債務人不可以任意變更或補充其文義，主張有回頭背書的情形。例如，背書人在支票上為空白背書後，如果並未記載發票人或其前手之一為被背書時，實務見解認不是回頭背書，而可行使追索權。

---

[1] 最高法院 76 年度台上字第 587 號、85 年度台上字第 1398 號判決、最高法院 77 年度第 7 次民事庭會議決議（三）。

Q50 承兌的方式之一

Q 付款人應以何種方式表示承兌之意？

A 付款人可在匯票正面記載承兌字樣或僅簽名，以表示承兌之意。

範例故事

甲頂鐵模製造廠接獲如如貿易有限公司國內遠期信用狀，受託製造玩具鑄模一組，總價新臺幣80萬元。甲頂鐵模製造廠依信用狀所載條件履行後，簽發面額50萬元的匯票1紙給正大銀行，請求在票上承兌，開狀的正大銀行只在匯票上正面蓋章後，即將匯票退還該製造廠，甲頂鐵模製造廠不確定該匯票是否已經完成承兌程序？

說明解析

匯票可分為四種：一、見票即付匯票；二、定期付款匯票；三、發票日後定期付款匯票；四、見票後定期付款匯票。除第一種見票即付的匯票，不須請求承兌外（票44I前段），第二、三種的匯票，執票人均可在匯票到期日前，向付款人為承兌的提示（票42）。至於，第四種的匯票，如無約定則自發票日起6個月內應請求承兌（票45），這是因為見票後定期付款的匯票，是自承兌日或拒絕承兌證書作成日，計算到期日（票69I）。

承兌是付款人願意為發票人付款，其方式有下列幾種情形：

一、全部承兌

付款人承諾對票面金額的全部付款。又可分為二種：

（一）正式承兌：付款人在匯票正面記載承兌字樣或其他同義文字如「照付」、「兌付」等，並簽名（票43I）。

（二）略式承兌：付款人僅在匯票正面簽名，並未記載承兌字樣（票43II）。

二、一部承兌

付款人經執票人的同意，承諾

就匯票金額的一部分付款（票47I前段）。付款人一部承兌時，執票人對於未承兌之部分，可請求作成拒絕證書（票86I）及將事由通知前手（票47I），以便向前手追索。

三、附條件承兌

付款人承兌時，附加條件。例如，承兌時，記載「信用狀聲請人付款時，承兌才生效」字樣。承兌附條件者，視為拒絕承兌，不過承兌人仍依應所記載的條件負責（票47II）。

本題中，因金融機構實務做法，對於須承兌的匯票，均已於票上載有承兌字樣，故付款的正大銀行雖僅在票上蓋章，仍屬正式承兌。又即或票上未載有承兌字樣，但付款銀行既已在票上正面蓋章，成為略式承兌，仍已完成承兌的效力。

法律小觀點

見票後定期付款之匯票，雖應自發票日起 6 個月內為承兌之提示，但依票據法第 45 條第 2 項之規定，發票人仍可以約定方式將該期限縮短或再延長 6 個月。故在約定延長期限之情形，見票後定期付款之匯票，可自發票日起延長至 12 個月才為承兌之提示。

承兌的方式之二

> **Q** 匯票承兌時，是否亦須記載承兌日期？
> **A** 見票後定期付款及指定請求承兌期限之匯票，才須記載承兌日期。

範例故事

承 Q50，正大銀行承兌時，是否亦須記載承兌日期，如果漏未記載，有無影響到承兌應有的效力？

說明解析

承兌時，是否亦須記載日期，票據法第 46 條第 1 項規定：「見票後定期付款之匯票，或指定請求承兌期限之匯票，應由付款人在承兌時，記載其日期。」因見票後定期付款的匯票，未記載承兌日時，無從了解究竟在何時提示，將來亦無法計算其到期日；而已指定請求承兌期限的匯票（詳見後述），未記載承兌日時，也無從了解執票人有無在規定的期限內請求承兌，所以這兩種匯票承兌時，都應記載承兌的日期。至於，見票即付匯票、定

期付款匯票或發票日後定期付款匯票，都不以記載承兌日期為必要。因這三種匯票的請求承兌日期，都可得確定。

見票後定期付款之匯票及指定請求承兌期限之匯票，既皆應記載承兌日期，但是如果承兌人漏未記載日期時，是否影響承兌的效力，票據法第 46 條第 2 項規定：「承兌日期未經記載時，承兌仍屬有效。但執票人得請求作成拒絕證書，證明承兌日期；未作成拒絕證書者，以前條所許或發票人指定之承兌期限之末日為承兌日。」

因此：一、見票後定期付款的匯票，付款人未記載承兌日期時，執票人可以提出拒絕證書證明（票 106-113）。未作成拒絕證書者，除發票人有特定縮短或延長承兌期限，應以特約期限之末日為承兌日外，以自發票日起

6 個月的末日為承兌日。例如，發票日為民國 109 年 1 月 10 日，則以 109 年 7 月 10 日為承兌日；二、而指定請求承兌期限之匯票，執票人仍應依法作成拒絕證書後（票 106-113），再以該拒絕證書證明承兌的期限。至未作成拒絕證書者，則以發票人指定承兌期限的末日，作為承兌日。

本題中，有無記載承兌日期，既屬相對必要記載事項，所以正大銀行承兌時，漏未記載承兌日期，並未影響到承兌應有的效力。

法律小觀點

承兌時未記載日期，雖不影響執票人權益。但執票人必須注意的是，如果付款人於承兌時，要求予以延期之期限，既僅以 3 日為限（票 48）。所以，執票人應在該 3 日內請求承兌，否則因票據法第 104 條第 2 項規定，執票人不於約定期限內為前項行為（於法定期限內行使或保全票據上權利之行為），會喪失對於其約定之前手之追索權。

Q52 承兌的限制

Q 發票人或背書人可以限制承兌嗎？

A 可以。

範例故事

陳正在民國 110 年 2 月 1 日向瑩瑩商行購買商品 1 批，價值新臺幣 5 萬元，雙方商定陳正應於同年 3 月 15 日付款。同年 2 月 15 日，瑩瑩商行向益明被服廠購買價值亦為 5 萬元之被服 1 批，乃簽發同年 3 月 31 日到期，付款人為陳正的同額匯票 1 張交付，並於票上載明「應於 110 年 3 月 1 日至同月 15 日請求承兌」字樣。不料，益明被服廠因事務繁忙，未依票上約定期間請求承兌，直到同年 4 月 1 日，益明被服廠向陳正請求付款時遭到拒絕，益明被服廠於是轉向瑩瑩商行追索。然而，瑩瑩商行卻表示，是益明被服廠未依約定承兌，已喪失追索權，是否有理？

說明解析

發票人未限定承兌期間時，執票人可在匯票到期日前，隨時向付款人請求承兌（票 42）。但是承兌有限制期間時，執票人自應遵守該期間。

茲依票據法的規定，分別說明發票人或背書人可作的限制。

一、發票人部分

（一）積極的限制。除見票即付的匯票外，發票人可在匯票上記載執票人應於一定期間內請求承兌（票 44II）。執票人如果未在該期間內請求承兌，會對發票人喪失追索權（票 104II）。

（二）消極的限制。發票人亦可於一定期日前，禁止請求承兌的記載（票 44II）。因此，執票人如果在發票人禁止承兌的期間內，請求承兌時，縱使被拒絕，亦無法向前手追索。

二、背書人的限制

除見票即付的匯票外，背書人也可在匯票上記載執票人應於一定期間內請求承兌（票 44I）。背書人的這項權限與發票人是相

同的，不過應注意的是，如果發票人已禁止執票人在一定期間內承兌者，背書人所規定的應承兌期間不得與之牴觸（票44II），以免執票人無所適從。例如，發票人已規定執票人不得在110年3月1日至同年3月底承兌，背書人所規定應請求承兌期間，就不得在同年3月間內。

付款人在承兌後成為票據的主債務人。一般執票人，固然可請求其付款，且即使發票人為執票人，也仍然可以請求承兌人支付（票52II）。

本題中，益明被服廠未依指定的期間請求承兌，依法已喪失追索權，瑩瑩商行的抗辯於法有據。

法律小觀點

付款人在匯票上承兌後，如果改變初衷，不願付款時，在未將匯票交還前，仍然可以撤銷承兌。除非已經向執票人或匯票簽名人以書面通知承兌者，才不得撤銷（票51）。因為付款人將承兌的匯票交還後，承兌才生效，所以未交還前，可以塗銷原承兌；但雖然尚未交還票據，該承兌的意思表示既已對外通知而生效，與匯票的交還並無不同，不可再撤銷承兌。

Q53 參加承兌

Q 付款人拒絕在匯票上承兌，如果有第三人同意參加承兌，執票人可以期前追索嗎？

A 不行。

範例故事

邱文簽發由莊南付款的匯票 1 張，交付給林興，林興收票後請求莊南承兌。不料，莊南竟拒絕承兌，林興欲向邱文追索時，正好被邱文好友沈發知悉，表示願參加承兌該匯票。林興不知道此時讓沈發參加承兌是否適當？

說明解析

參加承兌是匯票特有的制度之一，其目的乃在防止執票人之期前追索。參加承兌的程序及效力如下：

票據法第 85 條第 2 項規定：「有左列情形之一者，雖在到期日前，執票人亦得行使前項權利：一、匯票不獲承兌時。二、付款人或承兌人死亡、逃避或其他原因無從為承兌或付款提示。三、付款人或承兌人受破產宣告時。」則雖在到期日前，執票人亦可能向發票人及其他票據債務人追索。票據債務人為防止被期前追索，可由第三人參加承兌。

第三人參加承兌後，執票人不可開始追索，故為顧及執票人的權益，票據債務人不得參加承兌，否則對執票人並無保障。一般而言，匯票上有指定預備付款人時，因指定的目的即在預備將來參加承兌及參加付款（票 53、79I 後段），所以執票人行使追索權時，可請求預備付款人參加承兌。至於，票據債務人以外之人參加承兌時，應經執票人的同意，以免無資力之人任意參加承兌後，嗣後卻無力付款。

參加承兌時，應在匯票正面記載：一、參加承兌的意旨；二、被參加人姓名；三、參加的年月日。其中，第一、三項絕對應記載，第二項如未記載時，視為發

票人參加承兌（票54II）。又預備付款人參加承兌時，以指定預備付款人之人，為被參加人。此外，參加人未受被參加人之委託而參加時，應在參加後4天內，將參加事由通知被參加人（票55I），以便被參加人可對參加人做償還的準備。

第三人參加承兌後，執票人不得在到期日前行使追索權（票56I），而須待提示付款後未獲付款，才可向參加承兌人提示付款（票79I、57）。但被參加人及其前手，為避免將來償還參加人的金額增加，仍然可在第三人參加承兌後，向執票人清償（票56II）。

本題中，沈發並非預備付款人，所以其參加承兌，應經執票人的同意。換言之，林興可以准許其參加承兌，增加受償的保證；亦可拒絕其參加承兌，直接向發票人邱文追索。

法律小觀點

參加承兌與承兌的主要不同點在：一、前者應記載參加承兌意旨（票54I），後者可僅簽名（票43II）：二、前者是第二債務人（票57），後者為主債務人（票52I）：三、前者僅對被參加承兌人後手負責，後者對全體負責。

Q54　參加付款

Q 付款人或擔當付款人不付款時，如果有第三人同意參加付款，執票人仍可即向發票人追討嗎？

A 不行。

範例故事

承 Q53，林興欲向邱文追索時，被邱文好友沈發知悉，表示願參加付款，並獲得林興同意。此時，林興是否仍可向邱文追索？

說明解析

參加付款，應於執票人得行使追索權時為之。但至遲不得逾拒絕證明作成期限之末日（票77、124）。參加付款是匯票與本票才有的制度，其目的不是為了防止被期前追索，而在避免執票人追索權立即開始，所以至遲不得逾拒絕證明作成期限之末日。

要參加付款的人有數人者，以能免除最多數之債務者，有優先權（票80、124）。參加付款，

應於拒絕付款證書內記載之（票8、124）。

參加付款與付款的主要不同點，在於：一、前者僅限於匯票及本票，後者並及於支票（票77、124、144）；二、前者不可一部付款（票81、124），後者可以（票73、124、144）；三、前者任何人都可參加（票77、124），但參加承兌人或預備付款人，是當然參加付款人（票79、124），後者限於付款人或擔當付款人（票77、124、144）。

參加付款與參加承兌的主要不同點，在於：一、前者適用於匯票及本票（票77、124），後者限於匯票（票53）；二、前者為避免執票人之追索權立即開始，後者為防止票據債務人被期前追索；三、前者立即付款，應

支付被參加人應付金額之全部，包括票面金額、利息及費用（票81），後者不必立即支付。

參加付款人付款後，對於承兌人、被參加付款人及其前手，取得執票人之權利。所以參加付款後，執票人應將匯票及收款清單交付參加付款人，有拒絕證書者，應一併交付之。原執票人違反前項之規定者，對於參加付款人，應負損害賠償之責（票83）。但參加付款人不得以背書更為轉讓票據。被參加付款人之後手，因有參加付款人而免除債務（票84）。而如無參加承兌人或預付款人，且未記載參加付款者，以發票人為被參加付款人（票82III）。

本題中，若沈發參加付款後，即應支付全部的票額、利息及費用給林興，已達到執票人林興的目的，林興自無必要再向發票人邱文追索。

法律小觀點

參加付款人雖無資格之限制，但應支付全部的金額、利息及費用，不得一部付款，形同付款人，對於執票人相當有保障，所以執票人拒絕參加付款者，對於被參加人及其後手喪失追索權（票78）。

Q55 票據之比較

Q 本票、匯票、支票，哪一種較好？
A 三種票據，各有優點。

範例故事

王大向李三借款新臺幣 60 萬元，李三要求其簽具面額均為 20 萬元的本票、匯票、支票各一張。然而王大僅允諾簽具面額 60 萬元的支票，李三不知道是否應該答應王大？

說明解析

在 Q1 的例子中，曾約略介紹匯票、本票及支票等三種票據之意義，現依票據法的規定，進一步比較各種票據之異同。

匯票、本票是信用證券。兩者同有背書、擔當付款人（本票由發票人指定，匯票由發票人或承兌人指定，票 26、49）、保證、到期日、付款、參加付款、追索權、作成拒絕證書、謄本等制度，且匯票、本票之執票人對主債務人（匯票是承兌人，本票是發票人）或前手（背書人）之追索權之請求時效及起算期間，

依序是 3 年及 1 年，分別已如前述（票 22）。

但本票不準用匯票的預備付款人、承兌、參加承兌、複本規定（票 124）。因本票的付款人是發票人自己，而匯票是發票人委託第三人擔任付款人，所以執票人是先向付款人請求，付款人同意付款（承兌）後，成為票款之主債務人；但付款人亦可能不同意付款（不承兌），故另有由發票人或背書人記載預備付款人（票 26II、35）、參加承兌之規定。

支票是支付證券，並無到期日，雖準用匯票、本票之背書、付款（支票的付款人限金融業者，票 144 準用 30、31、69-76）、追索權、作成拒絕付款證書等規定（票 144 準用匯票此部分之規定，未準用 108II、109、110 有關謄本記載之規定，因此支票並無謄本）。然而，並不準用匯票、本票的保證、到期日、

承兌、參加承兌、參加付款、預備付款人、擔當付款人、匯票的拒絕承兌證書、謄本、複本規定。並有特殊的平行線支票規定（票 139）。

支票之執票人對主債務人（支票發票人）或前手（背書人）之追索權之請求時效及起算期間，依序是 1 年、4 月或 2 月，均較匯票、本票為短（票 22）。

本題中，王大僅允諾簽具面額 60 萬元的支票，李三如認為王大日後清償能力可能會有問題，不妨拒絕借款給王大。而如李三礙於友情難以回拒，仍有意幫忙王大，又想確保日後債權之順利索討時，自可要求王大增加共同發票人或背書人，以達成實質連帶保證之效果（票 5、124）。

法律小觀點

三種票據，各有不同規定，但亦有不同保障。俗話常說：「借款是一種臉色，還款又是一種臉色。」李三如不能確定接受何種票據，也可以向跟王大往來之金融業者探詢王大之債信，作為是否出借款項給王大的參考。

PART 2
本 票

Q56　本票之意義

Q 本票會比匯票或支票，更有保障嗎？

A 應視請求之方式而決定。

範例故事

張甲簽發面額新臺幣 5 萬元的本票 1 張，向李乙借款 5 萬元，但是李乙聽人提及支票比本票更有保障，於是要求張甲須簽發同面額的支票交付。然因張甲未曾辦理支票開戶手續，並無支票可以簽發，而向李乙表示仍以本票借款。李乙不知道本票是否比支票更有保障，可否答應借款？

說明解析

本票是發票人簽發一定之金額，於指定之到期日，由發票人自己無條件支付與受款人或執票人之票據（票 3）。由於本票是由發票人自己支付，所以並無匯票之承兌及付款人制度。

但是，本票亦可經由發票人與其銀行的約定，自己不先行付款，而委由其委託之銀行為其擔任付款人，成為擔當付款本票。

本票依其到期日而分別有：定日付款、發票日後定期付款、見票即付及見票後定期付款。又，本票屬分期付款者，若其中任何一期，到期不獲付款時，未到期部分，視為全部到期；不過，視為到期之匯（本）票金額中有未到期之利息者，於清償時，應扣減之。再利息經約定於匯（本）票到期日前分期付款者，任何一期利息到期不獲付款時，全部匯（本）票金額視為均已到期（票124 準用 65）。

由於本票之發票人是主債務人，且絕對的負擔票據金額支付之義務，故即使本票執票人不於到期日或其後 2 日內，為付款之提示，怠於行使保全票據上之權利時，發票人之債務原則上並不因之而消滅，本票執票人對於發票人仍不會喪失追索權。

應注意者，票據法第 104 條規定：「執票人不於本法所定期限內為行使或保全匯票上權利之行為者，對於前手喪失追索權。執

票人不於約定期限內為前項行為者，對於該約定之前手，喪失追索權。」所謂「前手」，不包括本票之發票人，此參照票據法第22條第1項規定是對本票發票人付款請求權消滅時效之規定；而第2項則是執票人對其前手行使票據上追索權消滅時效之規定，將發票人與前手分別併列，足見本規定中「前手」是指發票人以外之其他票據債務人[1]。

本題中，張甲因無支票可以簽發，而要求以本票借款，李乙收受該本票後，如果張甲嗣後拒不還款，李乙可本於借貸關係訴請張甲返還借款，亦可持該本票訴請張甲給付票款，並不影響其對張甲之請求。

法律小觀點

本票可直接聲請裁定強制執行（參閱 Q56、Q57），有較支票的請求更便捷的特性。

---

[1] 司法院 73 年 7 月 3 日（73）廳民一字第 0500 號函。

本票

Q57 本票之請求

> **Q** 本票退票了，一定要起訴嗎？
>
> **A** 不用。可以直接向法院聲請准許裁定後強制執行或聲請支付命令。

範例故事

張三在民國 110 年 5 月 1 日簽發同年 6 月 1 日到期，面額新臺幣 5 萬元的本票 1 紙給李四，以清償積欠的債務。李四又持該本票向趙五購物，而背書轉讓該本票與趙五。不料，110 年 6 月 1 日本票到期後，趙五向張三請求付款被拒，轉向李四追討，也無結果。趙五應如何處理，才能迅速確保他的債權？

說明解析

票據債務人拒絕清償時，債權人固然可以直接對債務人起訴請求，或聲請對債務人發支付命令（見附錄，第 269 頁，民訴 508），但兩者互有利弊，茲列表說明：

項目	優點	缺點
起訴	一、票據債務人如有爭執，可由法院調查，查明爭端。 二、債務人如無法送達，可聲請公示送達後[1]判決。	一、訴訟價值標的高時，原則上按標的價值的百分之一，繳納裁判費，費用較高（民訴 77 之 13）。 二、採言詞審理主義，須開庭，所費時間較長。
聲請支付命令	一、債權人僅繳納聲請費 500 元，費用少。 二、僅憑書面審理，不須開庭，較省時（民訴 512）。	一、債務人如異議時，法院所發的支付命令失效（民訴 519I）。 二、債務人無法送達時，支付命令失效（民訴 509）。

---

[1] 債務人無法送達時，債權人可憑法院開庭通知書，向債務人所在地之戶政機關聲請戶籍謄本，再憑該謄本證明債務人住所仍設在最後送達地，請求法院准予公告及登載新聞紙而為公示送達（民訴 149、150）。

本題中，張三既爲本票的發票人，執票人趙五可具狀向法院請求對張三准許本票裁定強制執行，取得裁定後即可請法院查封拍賣發票人張三名下財產求償。至於李四並非發票人，趙五對此部分，應另行起訴或聲請支付命令。

法律小觀點

如果債務人被請求付款清償時，對於債權額度及債權是否存在，爭議甚大，聲請對債務人發支付命令後，被聲明異議機會很大，所以在此情形下，不如直接起訴，可避免時間的浪費。

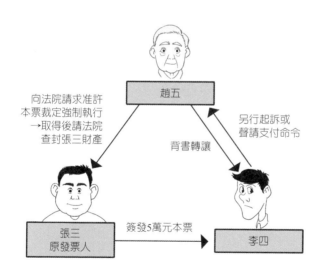

向法院請求准許
本票裁定強制執行
→取得後請法院
查封張三財產

趙五

另行起訴或
聲請支付命令

背書轉讓

張三
原發票人

簽發5萬元本票

李四

Q58 本票請求法院准許裁定強制執行

Q 本票退票了，如果不起訴請求或聲請對債務人發支付命令，還有其他方式嗎？

A 有。可以聲請法院准許本票裁定後強制執行。

範例故事

承 Q57，張三對於其簽發的本票，拒絕付款，趙五轉向李四追討也無結果。趙五應循如何程序，較能迅速確保他的債權？

說明解析

票據法為了鼓勵使用本票，減少執票人的訟累，特別規定本票執票人在發票人拒絕付款時，可以具狀聲請發票人裁定強制執行（聲請狀格式參閱附錄，第 267 頁，票 123）。執票人聲請時，由於聲請費用較起訴的裁判費用為低[1、2]，而且僅憑書面審理，

不須開庭，並在取得法院的裁定後，即可執行，甚為便捷。

由於本票具提示性及繳回性，執票人行使追索權時，自需提示票據始能行使權利。因執票人聲請裁定准許強制執行，是行使追索權的方式之一，其聲請強制執行時，自仍需提出本票原本於執行法院，以證明其為執票人而得以行使追索權[3]。

執票人聲請法院裁定強制執行後，雖然可以將本票債權轉讓他人，但受讓人不得再以同一本票聲請法院裁定強制執行，否則就同一債權即有兩個執行名義存在[4]，其可直接以原執行名義聲

---

[1] 非訟事件法第 13 條規定：「因財產權關係為聲請者，按其標的之金額或價額，以新臺幣依下列標準徵收費用：一、未滿十元者，五百元。二、十萬元以上未滿一百萬元者，一千元。三、一百萬元以上未滿一千萬元者，二千元。四、一千萬元以上未滿五千萬元者，三千元。五、五千萬元以上未滿一億元者，四千元。六、一億元以上者，五千元。」

[2] 一般訴訟事件是按標的額百分之一繳裁判費。例如，票款 100 萬元應繳的裁判費 1 萬元。

[3] 最高法院 95 年度台簡上字第 26 號判決。

[4] 最高法院 69 年度台抗字第 344 號裁定。

請強制執行。惟民法第 297 條第 1 項明定，債權之讓與，非經讓與人或受讓人通知債務人，對於債務人不生效力。所以債權受讓人在該項讓與對債務人生效前，自不得對債務人為強制執行[5]。而且，債權受讓人持本票裁定、債權讓與證明文件及本票聲請強制執行時，執行法院也會審查該本票背書是否有連續[6]。

本題中，張三既為本票發票人，執票人趙五可具狀請求法院准許裁定強制執行，再憑該裁定請求執行。

法律小觀點

本票准許強制執行之裁定，屬非訟事件程序，法院僅就形式上本票記載之要件有無具備，聲請之對象是否票載之發票人審查，並未調查執票人與發票人間有無確實債權債務存在。

---

[5] 最高法院 98 年度第 3 次民事庭會議決議（一）。
[6] 臺灣高等法院暨所屬法院 103 年法律座談會民執類提案第 1 號審查意見。

本票

Q59 本票強制執行事件之管轄法院

 Q 執票人可任擇法院請求本票強制執行嗎？

 A 不可以。

範例故事

設立於臺中市的華山電線有限公司在民國 109 年 5 月 5 日，出售新臺幣 50 萬元的電線一批，給同樣開設在臺中市的開南精機廠，並收受開南精機廠所簽發面額 50 萬元，110 年 8 月 1 日，由華南商業銀行古亭分行（設臺北市）為擔當付款的本票 1 張。本票到期後，華山電線有限公司向付款銀行提示，卻因發票人存款不足而被退票。華山電線有限公司應向哪一個法院聲請本票裁定強制執行？

說明解析

現行票據法規定，本票的執票人向發票人行使追索權時，可聲請法院裁定後強制執行（票 123）。這種對於本票執票人給

予方便的規定，是匯票及支票所沒有的。一般來說，本票的付款人就是發票人，所以本票的執票人在本票到期後，可向發票人請求，發票人拒絕付款時，執票人可依票據法第 123 條所定向票據付款地的法院聲請裁定強制執行。

本票上未載明付款地時，以發票地為付款地，而發票地不在一法院管轄區域內者，各該發票地之法院都有管轄權。若票據上亦未記載發票地，則以發票人的營業所、住所或居所所在地為發票地（票 120、120IV）；而此等處所有數地，或是發票人有 2 人以上，其住居所、營業所皆不同時，各所在地的法院皆有管轄權（非訟 194[1]）。在此情形下，執票人可任擇一法院聲請。

此外，發票人交付未記載發票

---

[1] 最高法院 64 年台抗字第 224 號判例。

地及付款地的本票後，住所遷移他處時（例如，由臺中市遷至彰化市），究竟應向何地法院聲請？實務上認為，本票發票人票據債務之成立，應以發票人交付本票予受款人完成發票行為之時日為準[2]，其付款地及發票地亦在此時確定。因此，交付本票時，如住所地在臺中市，縱使後來住所遷至彰化，仍應由交付時的法院即臺中地方法院管轄。

本票載有擔當付款人時，由於擔當付款人是代替代款人來實際付款的人，所以執票人向擔當付款人提示未獲付款後，擬向法院聲請裁定時，當然是以擔當付款地的法院為準，並非以發票人所在地法院為準。如果誤向其他法院聲請時，會以無管轄權為由，移送給有管轄權之法院（各地法院管轄範圍參閱附錄，第271、272頁）。

本題中本票發票人，也就是開南精機廠雖然是設立於臺中市，但由於所指定的擔當付款人是設在臺北市，所以執票人提示未獲付款時，應向臺灣臺北地方法院聲請，如向臺灣臺中地方法院聲請，會被駁回。

法律小觀點

如果法院之管轄自始無誤，依管轄恆定原則，原法院就本事件仍有管轄權，不因發票人住所後來遷移他處，而受影響。又利得償還請求權之票據債務已不存在，不屬民事訴訟法第13條所規定之因票據權利而涉訟，應由票據付款地之法院管轄之問題，而應由被告住所地法院管轄。

---

[2] 最高法院67年度第6次民事庭庭推總會議決議（二）。

Q60 父債子還：本票裁定強制執行的範圍之一

 Q 如果發票人死亡，票據債權人可向其繼承人聲請法院裁定強制執行嗎？

A 不可以。

範例故事

鄭榮在民國 110 年 1 月 16 日，向洪杉借款新臺幣 20 萬元，約定清償期是同年 9 月 30 日，利息按年息 10% 計算，並由鄭榮簽發同清償期，有載利息的同額本票 1 張交付。不料，鄭榮借款後死亡，洪杉在本票到期後，向鄭榮的妻蔡娟、子鄭炳催討，未獲清償，於是具狀請求法院對蔡娟及鄭炳裁定強制執行，是否有理？

說明解析

本票執票人聲請法院裁定強制執行後，一經取得法院的裁定，即可強制執行，可以減輕不少訟累；但執票人請求裁定的範圍亦有限制。

一、請求客體的限制。票據法第 123 條規定：「執票人向本票發票人行使追索權時，得聲請法院裁定後強制執行。」已限定請求之對象僅只發票人，所以發票人以外的背書人及保證人，並不包括在內。故對於本票背書人及保證人不得請求裁定強制執行。又，發票人的繼承人，依照民法的規定，雖應繼承一切債務[1]，但因為本票的形式上，繼承人並非發票人，

---

[1] 繼承人可以請求限定繼承（民 1154）或拋棄繼承（民 1174），以限定其義務範圍或免除債務。

所以對於發票人的繼承人不可請求裁定強制執行[2、3]，僅能另行起訴請求。

二、請求內容的限制。執票人可請求就下列的債權裁定：

（一）本金：依本票上面額請求，超過本票面額者，不在准許之內。而如發票人已清償部分時，執票人應縮減請求的數額。例如，本票面額 7 萬元中已還 2 萬元，執票人請求裁定時，聲請狀上應記載為「請求就某某所簽發某日到期，面額 7 萬元中的 5 萬元部分強制執行」，以免執行的數額超過實際債權額。

（二）利息：本票有約定利息者，依約定，未約定，按年利 6 釐計算（票 97）。

（三）利息起算日：有記載利息時，自發票日起算利息（票 28）；未約定利息，本票上有載到期日者，可以請求自到期日起年利 6 釐計算利息（票 124、97I ②）。

本題中，蔡娟及鄭炳形式上皆非本票的發票人，所以洪杉請求對他們二人裁定強制執行，並無理由。洪杉如果想對其 2 人請求，應依一般訴訟程序進行，也就是起訴請求法院判決被告等連帶給付本金、利息（格式參閱附錄，第 270 頁）。

PART2

本 票

法律小觀點

依票據法規定可請求的利息，較民法規定可請求的 5% 利息高，這是本票執票人聲請法院裁定許可強制執行的優點之一。

---

[2] 司法院第一廳 72 年 1 月 29 日（72）廳民三字第 0078 號函復臺灣高等法院。
[3] 最高法院 92 年度台抗字第 241 號裁定。

Q61 本票裁定強制執行的範圍之二

Q 本票有約定應付遲延利息及違約金時，均可以請求嗎？

A 可以請求遲延利息，但不可以請求違約金。

範例故事

承 Q60，如果鄭榮於本票上約定：「本息逾期時，除按上開約定利率支付利息外，自逾期之日起，按照上開利率 10% 加付遲延利息。」及「違約時，除按上開約定利率支付利息外，另給付借款額 5% 之違約金。」法院就前述加付遲延利息之約定及違約金部分，於本票聲請准予強制執行之事件時，應否為准許之裁定？

說明解析

首先，實務就本票約定應付遲延利息者，應否准許，原有不同見解，茲說明如下：

一、肯定說。有認該項約定既載

明其為遲延利息，本票裁定是非訟事件，僅能自其形式觀之，不能為實體之探究，故應受其約定之拘束，應予准許[1]。

二、否定說。有認遲延利息原就帶有違約金之性質，該項約定，即是關於違約金之訂定，其形式上觀之即能判斷其性質，自不應准許[2]。亦有認本票行使追索權時得要求之金額，如有約定利息者，其利息：自到期日起如無約定利率者，依年利率 6 釐計算利息。遲延利息除有約定利率，且應依約定利率為計算遲延利息之標準外，均應依法定利率計算，殊無於原約定利率外，加計高於

---

[1] 臺灣高等法院 89 年度抗字第 60 號、90 年度抗字第 2394 號裁定。
[2] 臺灣高等法院 90 年度抗字第 1772 號裁定。

約定利率作為計算遲延利息之餘地，故不應准許。

後來經討論決議，採肯定說[3]。

其次，就違約金部分，票據法第 12 條規定：「票據上記載本法所不規定之事項者，不生票據上之效力。」由於票據法沒有規定可以請求違約金，所以本票上記載違約金時，自然不生票據上的效力。執票人請求裁定時，不可包括違約金在內。

本題中，法院就鄭榮請求給付遲延利息的部分會准許，但就違約金部分之請求會駁回。

法律小觀點

法院就執票人依票據法第 123 條規定聲請准予本票強制執行之裁定，應審查執票人對發票人是否行使追索權，載明免除作成拒絕證書但未載到期日之本票亦須提示後始得向發票人行使追索權。所以，法院會先調查其有無提示，如未提示，與規定不合，以裁定駁回聲請；如已提示，則以提示日為到期日計算法定遲延利息[4]。再前述鄭榮就違約金部分之請求會被駁回部分，是就鄭榮聲請准予本票強制執行之裁定而言，如鄭榮依一般民事事件起訴，自仍得請求該部分之數額，不受限制。

---

3 臺灣高等法院 90 年 8 月 90 年庭長法律問題研討會。

4 司法院第一廳 81 年 2 月 27 日（81）廳民一字第 02696 號函。

不是我的票，也要我負責：本票裁定的執行力及救濟之一

> **Q** 票據被偽造了，並經法院裁定本票許可強制執行，可以提出抗告，請求暫緩強制執行嗎？
>
> **A** 雖可提出抗告，但無法暫緩強制執行。

範例故事

林祺因急需資金週轉，於是向其胞兄林亮借款新臺幣 80 萬元，不料卻遭拒絕。林祺竟以林亮名義簽發同面額的本票 1 張，交付蘇煙。本票到期後，蘇煙向林亮要求償還票款被拒，於是向法院請求裁定本票強制執行，並在取得裁定後，聲請對林亮執行。林亮認為，該本票是被偽造，所以具狀提起抗告聲明不服，並向執行法院表示，已對該裁定提起抗告中，請求暫緩強制執行。林亮有無理由？

說明解析

票據法第 123 條規定：「執票人向本票發票人行使追索權時，得聲請法院裁定後強制執行。」本條的立法意旨，是在加重發票人的責任，鼓勵使用本票，因此執票人在發票人不付款時，可以直接聲請裁定執行。法院接到執票人的聲請後，為求便捷，僅就本票形式上的要件是否具備（例如，有無記載發票日、金額及簽章），予以審查，並未就本票實體上的法律關係是否存在審究，性質上屬於非訟事件[1]。所以，除非本票的形式是無效的，否則法院皆會准許執票人的聲請。

---

[1] 司法院第一廳 72 年 1 月 29 日（72）廳民三字第 0078 號函復臺灣高等法院。

執票人取得法院的裁定後，因不待確定即可請求執行，縱使發票人對該裁定抗告表示不服，依法仍然沒有停止執行的效力[2]；而且，受理抗告的法院在裁定時，還是僅就本票裁定強制執行本票的債權是否合法存在。因此，發票人抗告時，如主張實體上的原因（例如，清償、債權時效消滅、本票被偽造或變造執票人惡意取得等），因抗告法院無法實體審查，發票人的抗告仍將會被駁回，並無實益，不能請求暫緩強制執行。

本題中，林亮的本票如果是被偽造的，僅提起抗告時，因抗告法院無法調查林亮主張的真偽，仍會駁回該抗告的聲請，而且執行法院亦無法停止執行。

法律小觀點

本票裁定強制執行是非訟事件，所以聲請事件受理之法院及抗告法院皆是形式上的要件審查，不能做實體的認定。

---

[2] 前司法院 89 年 12 月 11 日司法業務研究會第 49 期研究專輯第 1 則。

不是我的票，也要我負責：本票裁定的執行力及救濟之二

> **Q** 票據被偽造了，卻經法院裁定本票許可強制執行，除了抗告外，有無其他救濟方式？
>
> **A** 有。可以提起確認債權不存在的訴訟。

範例故事

承 Q62，林亮認為本票是被偽造，不應對其執行，具狀提起抗告表示不服後，已被法院駁回。接下來林亮該怎麼處理，才能維護自己的權益？

說明解析

發票人不服裁定[1]時，既然無法利用抗告[2]程序來主張實體上原因，就應依訴訟程序解決。例如，主張債務已清償，本票是被偽造或變造等情形，就應提起確認債權不存在的訴訟，以解決雙方的爭執[3]。但提起確認債權不存在的訴訟，因提起的原因不同，所產生的效力也有所差異，分別說明如下。

一、發票人主張本票是被偽造或變造時，如果能在接到法院准許強制執行的裁定後20日內，以執票人為被告提起確認本票債權不存在之訴，只須向法院的民事執行處證明已提起訴訟（通常以訴狀副本及訴訟通知書函送執行處），執行法院不待發票人供擔保，即會停止強制執行（非訟 195II 前段）[4]，除非執票人聲請提供擔保請求繼續強制執行（發票人對

---

[1] 訴訟事件是指法院在原告起訴後，經一定的程序調查審查後，予以裁判。本票裁定事件，不須經起訴程序，僅由法院依債權人的請求來做形式審查，所以是非訟事件的一種。

[2] 民事訴訟法第 491 條第 1 項規定：「抗告，除別有規定外，無停止執行的效力。」

[3] 參照最高法院 57 年台抗字第 76 號判例。

[4] 臺灣高等法院 103 年度非抗字第 54 號裁定。

此亦可聲請提供擔保後停止強制執行）（非訟 195II 後段）。但須注意者，如發票人超過 20 日的期間才提起該訴訟時，縱使通知執行法院已經起訴，執行法院依規定仍無法停止強制執行[5]（除非發票人願提供擔保請求停止執行，那又另當別論）。所以，是否在法定期間內提起訴訟，關係到之後應否供擔保的問題。

二、發票人主張本票是被偽造或變造以外的原因，例如，本票債務已清償或執票人惡意取得或為賭債，而提起確認債權不存在之訴時，無論發票人是否在法定 20 日內提起訴訟時，發票人皆須提供擔保，才可停止執行。

本題中，林亮如認為本票是被偽造的，應於接到裁定後 20 日內提起確認本票債權不存在之訴，將來才可以免供擔保請求法院停止執行。

法律小觀點

無論發票人主張債權不存在的原因如何，皆應負擔舉證責任。因票據行為為不要因行為，執票人不負證明關於給付原因之責任。發票人如果抗辯債權不存在的原因（如為清償賭債而交付），依民事訴訟法第 277 條規定，自應就該事實負舉證責任[6]。

---

[5] 參照最高法院 64 年度第 3 次民庭庭推總會議決議。
[6] 臺灣高等法院暨所屬法院 86 年 11 月法律座談會決議。

Q64 聲請本票裁定強制執行與起訴之一

> **Q** 聲請本票強制執行裁定後，是否即可認定已向債務人請求，而中斷時效？
>
> **A** 否。

範例故事

王大持有張華於民國 107 年 2 月 1 日簽發、未載到期日、金額新臺幣 10 萬元之本票 1 紙，於 110 年 1 月 20 日向法院聲請裁定准許強制執行，法院於同年 3 月 1 日裁定准予強制執行，同年 3 月 10 日送達裁定給張華，並於同年 4 月 10 日裁定確定。王大於同年 5 月 15 日持向法院聲請強制執行。張華於強制執行程序終結前，主張王大之票款請求權已罹於 3 年時效而消滅，是否有理由？

說明解析

民法第 129 條第 1 項第 1、

2、3 款所規定之請求、承認、起訴，是消滅時效中斷的事由。其中第 1 款所規定之請求，固無需以特定之方式，只要債權人有對債務人表示請求履行債務之意思，即可發生效力。

但本票執票人向法院聲請裁定許可對發票人強制執行，屬非訟事件，債權人是經由法院向本票債務人表示行使本票債權之意思，屬前述民法第 129 條第 1 項第 1 款規定所稱之「請求」，但仍非起訴事件，無從適用同條項第 3 款消滅時效因起訴而中斷之規定。又因爲聲請裁定僅是請求的性質，所以要待法院將裁定送達發票人時[1,2,3]，才可認爲已對發票人爲履行請求之意思，而

---

[1] 最高法院 93 年度台上字第 2329 號判決。

[2] 最高法院 51 年台上字第 3500 號判例。

[3] 臺灣高等法院暨所屬法院 102 年法律座談會民執類提案第 6 號。

中斷時效。

本題中，法院裁定准予強制執行後，110 年 3 月 10 日才送達裁定給張華。此時，王大之請求權消滅時效早已完成，未能因請求而中斷。張華以王大之請求權已罹於時效，有理由。

法律小觀點

依最高法院 51 年台上字第 3500 號判例，請求權人提出訴狀於法院時，並未即生請求的效力，而須並經送達給義務人時，才生請求的效力。

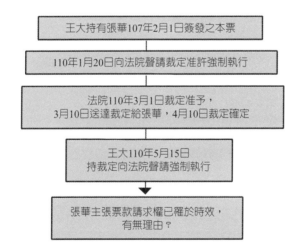

王大持有張華107年2月1日簽發之本票

↓

110年1月20日向法院聲請裁定准許強制執行

↓

法院110年3月1日裁定准予，
3月10日送達裁定給張華，4月10日裁定確定

↓

王大110年5月15日
持裁定向法院聲請強制執行

↓

張華主張票款請求權已罹於時效，
有無理由？

聲請本票裁定強制執行與起訴之二

> **Q** 聲請本票強制執行裁定後，是否可生起訴中斷時效之效力？
>
> **A** 不一定。如果執票人對於已取得執行名義之債務，於請求後 6 個月內，未開始強制執行或聲請強制執行，時效視為不中斷。

範例故事

張一執有李二於民國 107 年 2 月 1 日簽發之面額新臺幣 10 萬元、到期日同年 3 月 1 日之本票 1 紙，張一屆期向李二請求未獲付款，乃於同年 4 月 1 日聲請本票裁定強制執行，經法院於 107 年 5 月 1 日准許。張一因事忙未再聲請執行。迨 110 年 6 月 30 日才聲請強制執行。執行程序中，李二主張該本票債權已罹於 3 年時效，有無理由？

說明解析

法院許可本票強制執行之裁定，是非訟事件，並無確定實體上法律關係存否之效力[1]。又消滅時效因請求而中斷時，若於請求後 6 個月內不起訴，視為不中斷，為民法第 130 條所明定。而所謂起訴，對於已取得執行名義之債務，是指依同法第 129 條第 2 項第 5 款規定[2]與起訴有同一效力之開始強制執行或聲請強制執行者而言。也就是說，已取得執行名義之債務，若於請求後 6

---

[1] 最高法院 57 年台抗字第 76 號判例。

[2] 民法第 129 條規定：「消滅時效，因左列事由而中斷：一、請求。二、承認。三、起訴。左列事項，與起訴有同一效力：一、依督促程序，聲請發支付命令。二、聲請調解或提付仲裁。三、申報和解債權或破產債權。四、告知訴訟。五、開始執行行為或聲請強制執行。」

個月內不聲請強制執行，其時效視為不中斷[3]。

再者，執票人於本票到期後向發票人請求未獲付款，屬於訴訟外向債務人請求履行債務之催告性質，其向法院聲請本票裁定強制執行，僅是債權人行使權利之意思表示，只與民法第 129 條第 1 項第 1 款所稱之「請求」相當，雖具有中斷時效之效力，但非同條項中之「起訴」[4]。所以仍應於法院裁定准許強制執行後即請求後 6 個月內起訴，否則其時效中斷之效力，未能持續，其因請求而中斷之時效仍視為不中斷。

本題中，張一向法院聲請之裁定，為非訟事件，屬於訴訟外之請求，其於請求後 6 個月內未開始強制執行，因請求而中斷之時效視為不中斷，時效期間應回復自到期日起算，於 110 年 3 月 1 日屆滿。其於 110 年 6 月 30 日才聲請強制執行，該本票債權即已罹於 3 年時效，李二的抗辯於法有據。

法律小觀點

債權人向債務人催討債務後，應於催討後 6 個月內繼續聲請強制執行或起訴，才會被法院認為有時效中斷之效果[5]。

---

[3] 最高法院 67 年台上字第 434 號判例。
[4] 最高法院 65 年度第 1 次民庭庭推總會議決議。
[5] 臺灣高等法院暨所屬法院 90 年法律座談會民事類提案第 1 號。

聲請本票裁定強制執行與起訴之三

> **Q** 執票人聲請本票強制執行之裁定已消滅時效，卻仍對發票人聲請強制執行，發票人如何救濟？
>
> **A** 發票人可以提起債務人異議之訴。

 範例故事

　　承 Q64、Q65，張華或李二於強制執行程序終結前，如果認為執票人之票款請求權已因罹於 3 年時效而消滅，得拒絕給付，應如何主張或提出何種訴訟？又張華或李二於強制執行程序終結前，如果不抗辯執票人之票款請求權已因罹於 3 年時效而消滅，法院可否繼續強制執行？又執票人可否主張其票款請求權已經法院裁定認可，而延長為 5 年時效？

說明解析

　　請求權，因 15 年間不行使而消滅。但法律所定期間較短者，依其規定，時效完成後，債務人得拒絕給付，對本票發票人之權利，自到期日起算，3 年間不行使，因時效而消滅，執行名義成立後，如有消滅或妨礙債權人請求之事由發生，債務人得於強制執行程序終結前，向執行法院對債權人提起異議之訴[1]。

　　債權人所持之執行名義如果是准許本票強制執行之民事裁定，因該票款請求權是在非訟程序中所認定，與確定判決是經訴訟程序審理後所認定者，未有同一效力，所以仍僅有 3 年之時效，不因取得本票裁定或換發債權憑證而延長為 5 年。本題中，若執票

---

[1] 民法第 125 條、第 144 條第 1 項、第 146 條，票據法第 22 條第 1 項，強制執行法第 14 條第 1 項。

人主張時效已延長為 5 年，實屬誤解法律。此外，本題中執票人於法院裁定送達前，如果未能提出證據證明有法定中斷時效之事由，則其據以執行之執行名義早已罹於 3 年之時效，且經發票人以時效抗辯拒絕給付，而提起異議之訴，排除該執行名義之執行力，是有理由的。

另，時效完成後，依民法第 144 條之規定，債務人得拒絕給付。是消滅時效完成之效力，只發生拒絕給付抗辯權，並非請求權當然消滅。債務人若不行使其抗辯權，法院即不得以消滅時效業已完成為由，認請求權已歸消滅[2]。

法律小觀點

強制執行法第 14 條第 1 項規定之債務人異議之訴，須執行名義成立後，有消滅或妨礙債權人請求之事由發生，始得提起。所謂消滅債權人請求之事由，是指債權人就執行名義所示之請求權，全部或一部消滅。所謂妨礙債權人請求之事由，則指債權人就執行名義所示之請求權，暫時不能行使而言。債權人聲請裁定准許本票強制執行，法院均不開庭審理，債務人自無由得知，即不可能於裁定前行使拒絕給付抗辯權，所以發票人提起異議之訴是合於法律規定。

---

[2] 最高法院 29 年渝上字第 1195 號判例。

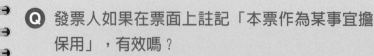

本票

Q67 票據註記其原因關係之一

Q 發票人如果在票面上註記「本票作為某事宜擔保用」，有效嗎？

A 有。該註記如果在表明發票的原因關係有效。

範例故事

張甲因和李乙合建房屋，簽發民國 110 年 1 月 1 日、面額新臺幣 500 萬元之本票 1 紙，且於本票記載「憑票准於 110 年 1 月 1 日無條件擔保兌付或其指定人」、「本票作為張甲與李乙合建案之擔保用」後，將本票交付李乙。本票屆期後，李乙未獲付款，乃聲請法院裁定准許強制執行，有無理由？

說明解析

本票是無條件支付之證券，故除非票上之記載牴觸票據應「無條件支付」本質之文字，才歸於無效。若增列之註記，未限制票據之流通，即未違反「無條件擔任支付」之規定（票1201④）。詳言之，如果本票明確記載無條件擔保兌付字句，

亦未刪除票上關於「無條件擔任兌付」之記載，自無違反絕對應記載事項。至發票人另行註記後之目的，如是為說明該本票簽發之「原因關係」，基於票據無因性之本質，不得以有註記之原因拒絕其他票據債權人之請求付款。也就是說，該註記如無變更無條件擔任支付之意，即無違反本票應無條件擔任支付之性質，依票據法第 12 條規定，僅屬記載票據法所不規定之事項，而不生票據上之效力而已。

況且，上述註記並非記載「不得提示或兌現」，足見該註記並非針對行使票據請求權之限制，亦非對本票付款條件之限制。

但如果發票人於本票正面或背面註記「不得提示或兌現，僅提供保證，欠款金額由○○盈餘償還」等字句，因有註記「不得提示或兌現」之文字與本票應記載

無條件擔任支付之性質相牴觸，而致本票無效[1]，此與本票正面記載之內容，及未刪除無條件擔任兌付之情形，完全不同[2]。

本題之情形，本票上之「無條件擔任兌付」等文字未經刪除，該註記應為就本票「原因關係」所為之約定，並無變更無條件擔任支付之意思，僅不生票據上之效力，本票應屬有效，李乙之請求是有理由的。

法律小觀點

本票記載違反票據應「無條件支付」本質之文字，歸於無效。但如果註記之內容，並未對票據之流通方式為任何限制，即未違反票據法第120條第1項第4款「無條件擔任支付」之規定，本票當然有效。

---

[1] 最高法院 72 年度台上字第 2019 號判決、86 年度台簡上字第 77 號、100 年度台簡上字第 9 號裁定、臺灣高等法院暨所屬法院 85 年法律座談會民事類提案第 18 號、92 年法律座談會民事類第 18 號，均認本票記載牴觸票據應「無條件支付」本質之文字，才歸於無效。

[2] 臺灣高等法院暨所屬法院 109 年法律座談會民事類提案第 9 號。

Q68　票據註記其原因關係之二

> **Q** 票據可以記載「若某支票兌現，則此本票作廢」之文字嗎？
>
> **A** 可以。票上記載內容未與「無條件擔任支付」性質牴觸，票據仍屬有效。

範例故事

丁一借林二新臺幣 50 萬元，並分別簽發同面額之本票及支票各 1 紙供作借款之擔保。本票正面雖有記載「無條件擔任支付」之文字，但另亦記載「若上開支票於民國 110 年 1 月 1 日兌現，則此本票作廢」等文字。其後，林二屆期未返還借款，上開支票亦未兌現，丁一可否持該本票依票據法律關係請求給付票款？

說明解析

票據上記載本法所不規定之事項者，不生票據上之效力，票據法第 12 條定有明文。如果票據

之註記或記載之用意僅在表明如該本票原因關係債務經以另紙支票兌現清償，該本票之原因關係消滅，執票人不得執本票對發票人主張，並非對該本票之支付附以條件之限制，亦即其註記或記載並未違反票據法第 120 條第 1 項第 4 款「無條件擔任支付」之規定時[1]，應認為屬記載票據法上所不規定之事項，依票據法第 12 條規定，該段記載不生票據法上之效力，並不影響執票人請求給付票款[2,3]。

本題中，本票上已有記載「無條件擔任支付」之文字，至其亦記載「若上開支票於 110 年 1 月 1 日兌現，則此本票作廢」等文

---

[1] 最高法院 100 年度台簡上字第 9 號裁定。

[2] 臺灣高等法院 103 年度非抗字第 94 號裁定。

[3] 臺灣高等法院暨所屬法院 109 年法律座談會民事類提案第 10 號。

字，並無變更「無條件擔任兌付」等文字之用意，該註記所附條件僅不生票據上之效力，本票應屬有效，丁一之請求有理由。

法律小觀點

本票無論如何記載，必須注意不要違反票據應「無條件支付」本質之大原則，以免票據歸於無效，難以請求。

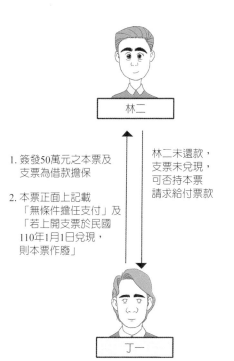

林二

1. 簽發50萬元之本票及
   支票為借款擔保

2. 本票正面上記載
   「無條件擔任支付」及
   「若上開支票於民國
   110年1月1日兌現，
   則本票作廢」

林二未還款，
支票未兌現，
可否持本票
請求給付票款

丁一

Q69 本票准許強制執行之裁定與使公務員登載不實罪之關係

Q 若債權已不存在，仍聲請本票准許強制執行之裁定，有無構成刑法第214條之使公務員登載不實罪？

A 不一定。有無刑責，目前實務上有不同見解。

範例故事

張日因欠正華銀行新臺幣100萬元，經正華銀行取得法院勝訴判決後，聲請對張日之財產強制執行中。張日乃與丁明商議，由張日簽發50萬元之本票1張交予丁明收執，再由丁明以張日為相對人，持該本票具狀向臺灣桃園地方法院簡易庭聲請裁定准予強制執行，使不知情之承辦司法事務官經形式審查後，發給本票准予強制執行之裁定，丁明再以該本票裁定，作為執行名義，向臺灣桃園地方法院民事執行處聲請執行。關於丁明及張日就聲請發給本票准予強制執行裁定部分，是否構成刑法第214條使公務員登載不實之刑責？

說明解析

實務上就聲請發給本票准予強制執行裁定部分，是否構成刑責？目前尚有不同見解：

一、肯定說：執票人就本票聲請法院裁定強制執行事件，屬非訟事件，法官僅據執票人之聲請為形式上審查無訛，即將本票內容登載於裁定書上准予強制執行，無須為實質上審查，以判斷本票內容之真偽，故以偽造之本票聲請法院裁定准予強制執行，使不知情之司法事務官於形式審查後，將本票所表彰之不實票據債權，登載於職務上所掌之本票裁定，准予強制執行，已足以生損害於法院非訟事件裁定之正確性。當然是明知為不實之事項而使公務員登載於職務上所掌之公文書，足生損害於公眾或他人，自應成立刑法第214條之罪。即若債權不存

在，且本票無偽造或變造，僅不成立偽造或變造之有價證券罪，仍然構成使公務員登載不實罪[1]。

二、否定說：本票執票人，依票據法第 123 條規定，聲請法院裁定許可對發票人強制執行，屬非訟事件，此項聲請之裁定，及抗告法院之裁定，僅依非訟事件程序，以審查強制執行許可與否，並無確定實體上法律關係存否之效力，如發票人就票據債務之存否有爭執時，應由發票人提起確認之訴，以資解決[2]。亦即，依法條規定及判例意旨，法院依票據法第 123 條所為就聲請提出之本票准予強制執行之裁定並

未就實際債權是否存在、其面額與現存之債權數額是否一致為登載[3]；換言之，法院僅依票據法第 120 條所規定本票之形式為審查，若符合即應予以准許，至於就債權存否及實際數額之主張，則應另循民事訴訟為之。此與明知為偽造、變造之本票仍持之向法院聲請准予強制執行，而構成刑法第 214 條之罪名[4]不同。本書認法院依票據法第 123 條所為之本票准予強制執行之裁定既屬非訟事件性質，似以後說較妥。

本題情形因實務上見解不一，仍待以後統一見解。

法律小觀點

本題僅就有無構成刑法第 214 條之罪名討論，至如有無其他刑責（如詐欺）未進一步探討。

---

[1] 最高法院 89 年度台非字第 388 號判決、臺灣高等法院 105 年度上易字第 1559 號、104 年度上易字第 687 號、106 年度上易字第 930 號、106 年度上易字第 1351 號判決。

[2] 最高法院 57 年台抗字第 76 號判例。

[3] 最高法院 105 年度台非字第 66 號、108 年度台非字第 166 號判決、臺灣臺北地方法院 98 年度易字第 1056 號、107 年度易字第 1056 號、107 年度聲判字第 81 號判決、臺灣高等法院 96 年度上易字第 1785 號、98 年度上更一字第 265 號、99 年度上更一字第 434 號、100 年度上易字第 1152 號、101 年度上易字第 2878 號、101 年度重上更（一）字第 62 號、103 年度上易字第 86 號、107 年度上訴字第 2952 號判決。

[4] 最高法院 85 年度台上字第 3936 號、86 年度台上字第 2271 號判決。

PART 3

支 票

支票

Q70　支票付款人的限制

> **Q** 農漁會支票是否屬於票據法所稱的支票？
>
> **A** 是。

範例故事

張賈以經營五金行爲業，於民國 105 年 7 月 10 日，分別收受客戶王校交付的即期公庫支票 1 張，林華交付 8 月 1 日的農會支票 1 張。張賈聽說這兩種支票不一定是票據法所稱的支票，而且所生的效力也不相同，他想知道兩者的區別爲何？

說明解析

支票的發票人並不擔任直接付款的工作，依照票據法第 4 條的規定，受支票發票人委託付款者，原以銀錢業者（如銀行、合作金庫）、信用合作社及經財政部核准辦理支票存款業務的農會爲限，但 75 年 7 月 1 日修正後，經財政部核准辦理支票存款業務

的漁會，亦可擔任支票付款人。除銀行或合作社外，早期的農會支票，因間有農會未待核准即辦理支票存款業務，所以當時的農會支票縱票面上載有「支票」二字，仍未必是票據法所稱的支票，而屬於民法上所稱的指示證券[1]，執票人行使權利時，不可主張票據法所規定的權利。惟現今農會皆依照規定於奉核准後，才辦理支票存款業務，故農會支票背面通常會註記「本農會辦理支票存款業務，業經財政部○年○月○日字第○號函核准納入票據法管理」字樣。

至於，國庫支票（票面上會記載「國庫專戶存款支票」字樣）、公庫支票、實習銀行的支票，因付款人與票據法所稱的付款人不同，自然不是票據法所稱

---

[1] 民法第 710 條規定：「稱指示證券者，謂指示他人將金錢、有價證券或其他代替物給付第三人之證券。」

的支票，仍僅是指示證券的一種[2、3]。

本題中，張賈持有的公庫支票，性質上屬於指示證券，另一張農會支票才屬票據法所稱之支票。

法律小觀點

非屬票據法所規定之票據，則不得依票據關係提起給付票款之訴，應依一般民事訴訟事件請求。

---

2 最高法院 60 年台上字第 1548 號判例。
3 最高法院 61 年度第 1 次民庭庭推總會議決議。

Q71　支票的提示期限

Q 支票的提示期限是多久？

A 發票地與付款地在同一省（市）區內者，發票日後 7 日應提示，否則是 15 日。

範例故事

陳華在臺南市經營布行，民國 110 年 2 月 1 日，在他的布行內，簽發付款人為彰化商業銀行高雄分行，同年 3 月 1 日，面額 5 萬元的支票 1 張給在高雄市的張林，張林背書後，又持該支票向李元借款。李元收票後，延至同年 4 月 1 日，才向銀行提示，卻遭退票，乃訴請陳、張 2 人給付票款，是否有理？

說明解析

支票的提示期限，依照票據法第 130 條的規定，執票人在支票到期後，應該在下列期限內，提示付款。

一、發票地與付款地在同一省（市）區內者，發票日後 7 日應提示。例如，發票地在新竹縣竹北市，付款地在新竹縣竹東鎮，自發票日後 7 日內（不含發票日）提示付款。

二、發票地與付款地不在同一省（市）區內者，發票日後 15 日內應提示。所稱同一省（市）區，不包括省區內之院轄市[1]。例如，發票地在基隆市，付款地在臺北市，兩地不在同一省（市）區內，發票日後 15 日內，為付款的提示。

三、發票地在國外，付款地在國內者，發票日後 2 個月內應提示。

執票人在前述期限內，請求付款被拒絕時，如果要對前手行使追索權（票 131I），應該在拒

---

[1] 臺灣銀行 63 年 1 月 7 日銀營乙字第 00159 號函。

絕付款日或其後 5 日內，請求作成拒絕證書，以證明曾在法定期限內提示付款。所謂拒絕證書，應由執票人請求拒絕付款地的法院公證處，商會或銀行公會作成（票 106、131II）[2]。

因此，執票人如果不在法定期限內提示，或依規定取得拒絕證書（或退票理由單），對於發票人以外的前手，會喪失追索權，將來只能對於發票人追索。

本題中，發票地與付款地未在同一省（市）內，支票到期後，應在 3 月 16 日以前提示，李元延到 4 月 1 日提示付款，對於背書人張林已喪失追索權，僅能對發票人陳華請求。

 法律小觀點

執票人應在法定期限內提示，及依規定取得拒絕證書（或退票理由單），是執票人行使追索權的第一要件，應特別注意。

---

[2] 最高法院 52 年台上字第 1195 號判例。

支票的追索期限

Q 支票的追索期限自何時起算？

A 對發票人之追索期限，自發票日起算 1 年內；對背書人，自提示日起算 4 個月內。

範例故事

陳華在臺南市經營福華布行，民國 110 年 2 月 1 日，因生意上的需要，在他的布行內，簽發付款人爲彰化商業銀行高雄分行，同年 3 月 1 日，面額新臺幣 5 萬元的支票 1 張給在高雄市的張林，張林背書後，又持該支票向李元借款。

李元在收票後，立即於同年 3 月 5 日，向銀行提示，卻遭退票，經向陳華及張林二人追討，又均被拒絕。於是，李元以陳華、張林二人爲被告，於 110 年 5 月 5 日起訴請求票款，其結果是否會與 Q70 的情況，有所不同？

說明解析

執票人已在法院期限內提示及取得退票理由單，是行使追索權的第一步。但要向發票人及背書人追索時，仍應注意以下法定 1 年及 4 個月的期限限制（票22）。否則，會喪失追索權，茲將追索的程序，以簡表說明：

追索要件	一、法定期限內提示。 二、取得拒絕證書（或退票理由單）。
追索期限	一、發票人：發票日起算1年內。 二、背書人：提示日起算 4 個月內。

本題中，陳華簽發的支票是 110 年 3 月 1 日到期。李元收票後，於同年 3 月 5 日已向銀行提示，雖遭退票，但後來以陳華、張林二人為被告，於 110 年 5 月 5 日起訴請求票款，均合於法律對於支票追索期限之規定。

支票

法律小觀點

值得注意的是，有無遵守法定 1 年及 4 個月的期限限制，如為起訴時，應以起訴狀經法院收受之當日認定，而非以執票人寄出之日為準。又支票經檢察官扣押後交付保管時，保管人為防止票據權利喪失，仍可提示該票據追索[1]。

---

[1] 最高法院 88 年度台上字第 1377 號判決。

支票

Q73　支票的提示效力

Q 支票不經提示，可以向發票人追索嗎？
A 不可以。

範例故事

　　李甲在民國 110 年 2 月 1 日，簽發同年 3 月 15 日，面額新臺幣 30 萬元的支票 1 張，向張乙調現。張乙如數兌換現金給李甲後，於同年 2 月 20 日，聽說李甲因週轉不靈，所簽發的支票遭到退票，已被銀行列為拒絕往來戶。張乙心想自己所持有的支票屆期提示亦會遭到退票，為求早日確保債權，於是他直接向法院提出起訴發票人李甲，請求給付票款及自 110 年 3 月 15 日起算的利息。張乙的做法，是否可行？

說明解析

　　支票是提示證券，執票人須先在法定期限內提示，才可以向

發票人等前手追索；而追索的範圍，本金固然是按照票面金額，利息則應從提示日起算（票133），並非自發票日起算，故而執票人不提示付款時，自然無法了解利息的起算日。何況，支票的提示，既然是追索的必經程序，執票人如未向付款人提示，而直接向法院起訴請求給付票款及利息時，當然不符合法定程序[1]。

　　以上所述，是指已到期支票不經提示即追索而言。假如支票還沒有到期，執票人可不可以主張因發票人的帳戶已拒絕往來，足見發票人的支票到期已無法履行，而向法院提起將來給付之訴[2]，要求法院判決發票人在支票到期時，應給付票款給執票人呢？由於票據法規定，支票到

---

[1] 最高法院 71 年度第 8 次民事庭會議決議。
[2] 民事訴訟法第 246 條規定：「於履行期未到前請求將來給付之訴，非被告有到期不履行之虞者，不得提起。」

期不獲付款，執票人在提示及作成拒絕證書後，才可以對票據債務人追索（票144準用85I、130），這與一般的債務（例如，借款）在履行期到來時，就可以由債務人直接履行債務的情形不同。所以，在行使追索權的要件成立前，縱使支票在法定提示期限內提示有不獲付款的可能，執票人還是不可以對前手提起將來給付之訴[3]。

本題中，李甲的支票帳戶已被列為拒絕往來戶，雖張乙在支票到期後提示，可能無法兌現，但由於不提示支票，即與法定追索要件不合。所以，張乙若是不先提示李甲的支票就直接起訴請求，是不合法的，會被法院駁回。

法律小觀點

支票的提示，是行使追索權的前提條件，這一個步驟是不能省略的。

---

[3] 司法院第一廳73年8月28日（73）廳民一字第0672號函復臺灣高等法院。

支票

Q74 提示與時效中斷

Q 支票執票人已向付款人提示，但未曾向發票人請求，可否仍認定已生向發票人請求之效力？

A 否。

範例故事

陳華因售貨給張明而於民國107年1月15日取得張明簽發之107年2月1日，面額新臺幣10萬元的支票1張。支票到期後，陳華於同年2月6日向銀行提示，遭到拒絕付款，但陳華因與張明私交甚好，故未立即向張明追討，直到108年2月4日向張明索款時，被張明以時效消滅為由，拒絕付款。陳華認為，自己曾在107年2月6日向銀行提示，應自該日起算1年，其時效尚未消滅，誰的主張有理由？

說明解析

支票執票人所為提示，應視為執票人行使請求權之意思通知，固然具有中斷時效之效力，但支票發票人與付款人在法律上地位不同，除有特殊情形外（例如，

票據法第125條第4項指定自己為付款人），人格各別。發票人依票據法第126條規定，雖然應照支票文義擔保支票之支付，而付款人在委託付款期內間，得依發票人之指示付款，但不能因此即認定付款人有代發票人受領執票人（或票據權利人）對發票人其他有關票據權利行使之意思表示或意思通知之權利。

因此，執票人如於支票提示期限內遭付款人拒絕付款或於提示期限屆滿後，欲對發票人行使權利，應向發票人為之。因此時執票人如對付款人為付款提示，付款人依票據法第136條規定得付款，亦得不付款。故執票人所取得之支票，在支票提示期限，如果有向付款人提示而遭拒絕，其提示行為僅係其有向付款人作請求付款權利之行使，但如果一直未向發票人為給付之請求，就不

152

能認為已生中斷對發票人請求權消滅時效之效力[1]。因票據上之權利，對支票發票人自發票日起算，1年間不行使，因時效而消滅（票221）。

本題中，陳華在支票到期後，雖曾向銀行提示，但卻一直未向張明追討，自發票日起算，已超過1年，其對發票人的請求權已時效消滅，張明有理由。

法律小觀點

法律有句諺語：「別讓你的權利睡著了！」各種請求權無論長短，都有一定的行使期限，超過該期限，即有請求權消滅時效問題。本題主要是在討論票款之請求權行使，陳華仍可另行主張其原因關係（買賣）之請求權時效尚未消滅。

---

[1] 最高法院70年度台上字第2604號判決。

Q75 撤銷付款委託的限制之一

Q 因被詐騙而簽發之支票，是否可以請求銀行止付款項？

A 否。在付款提示期限內，不可以撤銷付款之委託。

範例故事

司海與鍾志因生意上往來而認識，民國 109 年 7 月 3 日，司海因鍾志邀約共同投資經營餐廳，信以為真，在臺中市簽發同年 8 月 1 日，面額新臺幣 20 萬元的臺灣銀行臺中分行支票作為股金。事後，司海察覺並無所謂投資一事，知道已經受騙。為避免損失，司海打算在支票到期前，向付款銀行撤銷付款的委託，是否可行？

說明解析

支票是發票人委託銀錢業代為付款的票據，發票人當然有權撤銷付款的委託，但由於支票是支付證券，有代替現金的效用，

如任意准許撤銷付款的委託，對於執票人無所保障，所以票據法第 135 條規定：「發票人於第一百三十條所定期限內，不得撤銷付款的委託。」而同法第 130 條亦規定：「支票之執票人，應於左列期限內，為付款之提示：一、發票地與付款地在同一省（市）區內者，發票日後七日內。二、發票地與付款地不在同一省（市）區內者，發票日後十五日內。三、發票地在國外，付款地在國內者，發票日後二個月內。」故在上述期間內，發票人不得撤銷付款的委託。

但付款提示期限經過後，除保付支票外，隨時可以聲請撤銷付款的委託。又本票之發票人，於逾提示期限後，亦可向擔當付款

之銀行申請撤銷付款的委託[1]。

本題中，司海縱使是受鍾志的詐騙而簽發支票，依照票據法的規定，在法定提示期限內，不可以任何理由撤銷付款的委託。而司海簽發的支票是 8 月 1 日，發票地及付款地均在臺中市，其法定提示期限是 7 日（票130I），所以，司海須在 8 月 9 日以後，才可聲請撤銷付款的委託。

法律小觀點

司海如果認為其發票之原因關係已不存在，又因不能撤銷付款的委託時，其為避免鍾志於法定期限內提示請求付款，致自己有所損失，不妨聲請對該支票假處分，禁止鍾志提示該支票（參閱 Q89、Q90）。

---

[1] 財政部 61 年 3 月 22 日台財錢第 12256 號函。

Q76 撤銷付款委託的限制之二

Q 發票人撤銷付款委託後，即可免除發票責任？

A 不可以。

範例故事

張平因出售機器給李明而簽發發票日民國 107 年 1 月 30 日、到期日 107 年 6 月 30 日面額新臺幣 30 萬元本票 1 紙，並指定李明為受款人，華太銀行延平分行為擔當付款人，李明又背書轉讓給陳義。後來，張平通知華太銀行延平分行撤銷其付款之委託。不料，華太銀行延平分行的職員未注意而兌付陳義後，向張平請求墊付之 30 萬元及自到期日 107 年 6 月 30 日起算之利息。張平則以李明所售機器有瑕疵，無權請求全部票款，所以其才通知華太銀行延平分行撤銷付款之委託，卻因該銀行職員疏於注意，於李明提示時，仍照常付款，使他受有損害，並非無法律上之原因而受利益等。在此情況下，誰的主張有理由？

說明解析

本票發票人之責任，與匯票之承兌人相同，票據法第 120 條定有明文，故對本票負有付款之義務，並不因為其有指定擔當付款人即可免除該義務。也就是說，縱使擔當付款人被指定後並未付款，發票人對其簽發之本票，仍應付款。

又，被指定為擔當付款人後，發票人撤銷該付款之委託，為發票人與付款人間之問題，如果確有簽名於票據為發票人，依票據法第 5 條第 1 項及第 124 條規定，自應照支票文義擔保支票之支付，並不因撤銷付款之委託而受影響。華太銀行延平分行職員雖未予注意而為付款，但除非發票人能證明最後執票人取得該本票，是出於惡意，而有不得行使票據權利之情形，否則依票據法之規定，對於其簽發之本票即負有付款之義務，則華太銀行延平

分行代發票人付款，雖已非受付款委託，但既發生清償本件本票債務之效力，而使發票人對該本票債務責任消滅，自屬受有利益，且華太銀行延平分行因代為清償而受有損害，兩者間有因果關係，發票人屬不當得利[1]。

華太銀行延平分行所請求者，是不當得利之遲延利息，應以自本件起訴狀繕本送達於上訴人之翌日起算才合法，並非自票載到期日起算。

本題中，張平是發票人，應照支票文義擔保支票之支付，不受其撤銷付款委託之影響，其如未能證明陳義有出於惡意，而有不得行使票據權利之情形，華太銀行延平分行非受委託而付款，既發生清償本件本票債務之效力，張平受有利益，華太銀行延平分行之主張有理由。

法律小觀點

張平如欲保留直接抗辯權，可於交付票據前，記載禁止背書轉讓字樣（參閱 Q35）。

---

[1] 最高法院 69 年度台上字第 3965 號判決。

Q77 保付支票

Q 支票發票人可以請銀行當保證人嗎？

A 可以。

範例故事

明正貿易有限公司向正義五金製造廠購買五金製品一批總價新臺幣 200 萬元，而簽發面額 200 萬元的支票 1 張交付。正義五金製造廠因為是第 1 次與明正貿易有限公司交易，且買賣金額甚高，故要求發票人透過銀行保證付款，不知是否可行？

說明解析

支票並不適用保證的規定（本票及匯票才有）。不過，假如付款人願在支票上（正、背面皆可）記載照付或保付或其他同義字樣，並簽名後，該支票即變成保付支票，具有絕對付款的效果。保付支票有下列特點：

一、對付款人言，支票一經保付，付款人的責任即與匯票承兌人同（票 138I）負絕對付款責任。保付支票的付款人責任甚重，所以付款人不得作超過發票人存款或信用契約所定數額外的保付，否則會被科以支票面額範圍內的罰鍰（票 138III）。

二、對發票人及背書人言，支票經保付後，發票人及背書人的責任均因此免除（票 138II），執票人只能向付款人請求。但也因為保付支票的付款責任全在付款人，所以發票人在法定提示期限後，仍然不可以撤銷付款的委託（票 138IV）。

三、對執票人言，保付支票形同現金，所以執票人遺失支票後，只可以辦理公示催告及除權判決，再憑除權判決領取票款，不可聲請止付（票

138IV）[1]。又因發票人不可撤銷付款的委託，所以執票人在法定提示期限經過或發行滿 1 年時，仍然可以請求付款（票 138IV）。

本題中，正義五金製造廠如能要求提供保付支票，對其債權更能保障。

支票

法律小觀點

保付支票，是付款人負絕對付款責任的鐵票，執票人拿到這樣的支票，就無屆期會發生退票的顧慮。而付款人所以在支票保付，除了是受發票人請求外，最主要還是須發票人的存款足以支付票面額。現銀錢業做法，在允諾對支票保付後，即會自發票人帳戶內，按保付的金額提出同額款，存入保付帳戶內，以免之後發票人動用無從支付。

---

[1] 司法院 82 年 7 月 23 日（82）廳民一字第 13700 號函。

支票

Q78　保付支票之請求權期限

Q 保付支票之請求權期限是多久？

A 法無明文。實務及學說均有不同見解，尚無定論，但通說認為應以 3 年較適當。

範例故事

承 Q77，如果正義五金製造廠取得正大銀行之保付支票，其應在多久之期限內請求，才不會時效消滅？

說明解析

票據法第 138 條是有關保付支票之規定，但其僅規定：「付款人於支票上記載照付或保付或其他同義字樣並簽名後，其付款責任，與匯票承兌人同。付款人於支票上已為前項之記載時，發票人及背書人免除其責任。付款人不得為存款額外或信用契約所約定數目以外之保付，違反者應科以罰鍰。但罰鍰不得超過支票金額。依第一項規定，經付款人保付之支票，不適用第十八條、

第一百三十條及第一百三十六條之規定。」就保付支票之請求權期限，並未明定。實務對此仍無相關明確見解可參，學說上對請求權期限之長短及所持之理由，亦有不同的看法如下，茲分別述之：

一、請求權期限應為 15 年。此看法認為財政部曾於 62 年提出票據之修正案，欲增訂保付支票之時效期間為 3 年，但立法院竟刪除，並詳申理由略謂：保付支票付款人係絕對票據債務人，其付款責任，與匯票承兌人同，不應規定消滅時效之期間，故予刪除。票據法既未明定，自應回歸適用民法第 125 條 15 年請求權之規定[1]。

二、請求權期限應為 3 年。其理

---

[1] 施文森，《票據法新論》，三民，1991 年，修訂四版，頁 282-283。

由有 2 種說法：

（一）有認為票據法第 138 條第 1 項規定保付支票之付款責任，與匯票承兌人同。且保付支票既仍是支票，其權利存續自不宜過長，即應與匯票承兌人同樣僅有 3 年時效[2]。

（二）亦有認第 138 條第 4 項規定，既不適用同法第 136 條之 1 年限制，保付支票之請求權期限自非 1 年；況支票為支付工具，其時效延至 15 年過久，則參酌第 138 條第 1 項規定意旨應與匯票承兌人同樣 3 年時效[3]。

本書認為，法律未明定者，其條文之解釋應首重文義之探討，才符立法意旨。依票據法第 138 條第 1 項及第 4 項規定之意旨觀之，保付支票之付款責任，既與匯票承兌人同，則其請求權期限自以 3 年為限，不宜將請求權之期限過度延長至 15 年，同採後說見解。

本題中，正義五金製造廠所取得之正大銀行之保付支票，應在 3 年之期限內請求。

法律小觀點

在實務做出明確見解前，保付支票之執票人取得保付支票後，仍宜儘早於 3 年內提示，畢竟落袋為安。

---

[2] 梁宇賢，《票據法新論》，自版，2002 年 2 月，頁 359。
[3] 王志誠，《票據法》，元照，2020 年 9 月，八版，頁 524。

Q79 保付支票與票據保證之不同

Q 保付支票就是票據保證嗎？
A 兩者不同。

範例故事

王林簽發民國 109 年 2 月 20 日期之支票 1 紙，向張力買貨。張力要求王林保證付款，王林表示支票無保證制度，如果張力同意退還支票，願意另簽發本票代替，並洽商陳東擔任本票之保證人，張力不知王林所言，是否有理？

說明解析

票據的保證僅本票及匯票才有，支票並不適用，且如有保證文義之記載，依票據法第 12 條之規定，不生票據之效力。二者除有前述之不同外，並有下列區別：

一、本票及匯票的保證，得就票據金額的一部分為之（票63），但保付支票原則上不適用。

二、任何人都可擔任本票及匯票的保證人（票 58II），保付支票限於付款人（票138III）。

三、本票及匯票的保證人與被保證人負同一付款責任（票61I），且保證人如有清償時，可對被保證人及其前手追索（票 64）。保付支票因付款人負絕對付款責任，所以發票人及背書人都不再擔負付款責任。因此，保付支票付款後，票據權利消滅。

四、本票及匯票如有喪失，可作止付通知（票 18）[1]，但保付支票不可作止付通知（票138IV）。又，保付支票發票人不得撤銷付款之委託，付款人在發行滿 1 年後，仍

---

[1] 司法院 82 年 7 月 23 日（82）廳民一字第 13700 號。

可兌付（票 138IV）。

就實務運作言，要申請保付支票，付款銀行會要求其存戶應先填具保付支票申請書，加蓋印鑑，並於支票上註明「保付」或其他同義字樣及日期，同意付款銀行於存戶帳內照數付出，負擔支票金額[2]。本題中，王林如果未同意以保付支票之方式簽發，只能簽發一般支票或本票了。

法律小觀點

支票如果能以保付支票之方式簽發，可達到票據保證之目的。

---

[2] 參 2021 年 5 月 1 日臺灣土地銀行支票存款約定書第 9 條規定。

Q80　遠期支票

Q 遠期支票之發票人於票載發票日前死亡，有無影響票據其他債務人之責任？

A 不影響。

範例故事

　　陳文於民國 109 年 2 月間簽發同年 6 月 30 日之面額新臺幣 10 萬元之支票 1 紙，交付李明，李明再背書轉讓給王景。不料，陳文於同年 6 月 1 日死亡，王景屆期提示，不獲兌現，因而訴請李明清償票款，李明表示發票人於票載發票日前死亡，票據無效，其不應負背書責任，李明的抗辯有無理由？

說明解析

　　支票並無所謂的到期日，而是見票即付，本質是支付證券。但如果發票人發票時，不依實際發票日記載，而將發票日往後記載時，使支票成為信用證券，即屬遠期支票，票據法承認遠期支票為有效，在實務運作上亦採肯認見解。票據權利因發票之行為而創設，發票乃發票人作成票據並以之交付之行為，發票日決定之。

　　換言之，支票票據債務之成立，應以發票人交付支票予執票人，完成發票行為之時日為準，至於支票所載發票日期，僅是行使票據債權之限制，不能認為票據債務成立之時期，背書人就已成立票據債務之支票背書，縱發票人於票載日期前死亡，仍應負票據上背書責任[1,2]。

---

[1] 最高法院 67 年度第 6 次民事庭會議決議。
[2] 司法院第一廳 70 年 9 月 4 日（70）廳民一字第 0649 號函。

本題中，發票人陳文於109年2月間簽發同年6月30日之支票後，雖於同年6月1日死亡，但其發票行為既早已完成，李明亦在已完成發票之票據上背書，當然應該負背書責任。因此，李明之抗辯是無理由的。

PART3

支　　票

法律小觀點

由於承認遠期支票為有效，所以在遠期支票上所載發票日前的背書是有效的，執票人不得在支票上所載發票日前，主張其已取得支票，對前手追索。但如所持有者係拒絕往來戶簽發之遠期支票，未經提示，於票載發票日期前，以到期有不履行之虞為由，提起將來給付之訴時，因支票存款已被列為拒絕往來戶，其支票屆期必無從兌現，雖未到期，應認「顯有到期不履行之虞」請求於票載發票日給付票款，則有理由[3]。

---

3 臺灣高等法院暨所屬法院87年11月法律座談會結論。

Q81 平行線支票

> **Q** 支票可以限制應由特定銀行提示嗎？
> **A** 可以。但須以平行線支票為之。

範例故事

三力貿易有限公司負責人王南向五光工藝社訂購貨品一批，在民國 110 年 1 月 15 日簽發面額新臺幣 10 萬元，臺灣銀行忠孝東路分行的支票 1 張。但王南恐交票途中，支票遺失，遭人冒領。其應如何在支票記載，較能獲得保障？

說明解析

支票依其記載方式有：一、無記名式支票；二、記名式支票；三、保付支票；四、禁止轉讓支票；五、平行線支票。

其中平行線支票（又稱劃線支票或橫線支票），是由發票人、背書人或執票人，在支票正面劃平行線二道，或併在平行線內記載特定金融業者，支票經此記載後，付款人僅可以對金融業者付款。可分二種：

一、普通平行線支票：即支票正面劃平行線二道。劃線位置，法無明定，但習慣上，均在支票左上角劃線。該支票的執票人，如果是個人，不是金融業，應將支票存入其帳戶，委託代為取款，不可直接向付款人提示（票139I）。

二、特別平行線支票：即支票平行線內記載特定金融業的名稱。支票上有此記載者，付款人僅可對所記載的特定銀行、合作社和農、漁會付款。例如，平行線內記載「臺灣銀行」，付款人僅可對臺灣銀行付款，（票139II）。不過，如該特定金融業是執票人（如臺灣銀行），可以其他金融業為被背書人，背書後委託其付款（票139II 但）。執票人之支票上平行線內，記載特定金融業的名稱時，應存入該特定的金融業，委託代為取

款（票 139IV）。

付款人違反以上規定而付款時，如致發票人有所損害，應負賠償的責任，但賠償的金額，不得超過該支票所記載的面額（票140）。例如，面額 10 萬元，則賠償的最高金額為 10 萬元。

本題中，王南簽發支票時，如顧慮支票可能遺失或被盜，或僅欲證實執票人確曾領得票款，不妨在支票左上角劃平行線二道，或在平行線內記載特定一金融業者，如此可防止他人冒領致自己損失，且易於查出領款者為何人。

法律小觀點

普通平行線支票，可依第二種方式，變更為特別平行線支票，但特別平行線支票，則無法變更為普通平行線支票。又僅支票才有平行線的規定，匯票及本票皆不適用之[1]。

---

[1] 司法院 34 年第 2830 號解釋。

支票

Q82 普通平行線的撤銷

Q 劃有平行線的支票，可以撤銷嗎？

A 可以。

範例故事

孫清在民國 110 年 9 月 15 日，收受賴仁所簽發的同一日期臺灣銀行臺中分行面額新臺幣 10 萬元支票後，即趕往該分行請求付款。但因賴仁在支票左上角劃有二道平行線，所以該分行承辦人員告知其應委託銀錢業、信用合作社或經核准的農會代領，否則拒絕付款。但孫清因急需現金，為爭取時間，想直接領款，他應如何辦理，才能順利領取到款項？

說明解析

平行線支票的執票人，想提示支票領款時，一定需委託金融業代領，不可以個人身分提示。如此，對於發票人及執票人固然有相當之保障，但因為委託代領較為費時，增加領款手續，所以票據法另有撤銷平行線的規定。

所謂撤銷平行線，是指由發票人在平行線內記載「照付現金」或同義字義，並在字樣旁簽名或蓋章，支票上有這樣的記載者，就視為平行線的撤銷（票139V）。平行線一經撤銷後，執票人即可直接領款。由票據法的規定，我們可以了解：

一、支票劃平行線後，僅發票人有權撤銷，背書人或執票人不得撤銷。因此，平行線縱是背書人或執票人所記載的，之後仍無權撤銷。

二、劃有平行線的支票，已背書轉讓他人時，發票人不可再撤銷平行線（票 139V 後段），以免發票人任意將背書人所劃的平行線撤銷。

三、平行線的撤銷方式，發票人一定要在平行線內記載「照付現款」或同義字樣，並簽名或蓋章於旁，二者缺一不可。如僅在平行線內蓋章或簽名，而未記載照付現款字樣者，不生撤銷平行線的效

力，執票人依法仍須委託金融業提示，否則不生提示的效力。

本題中，孫清收受平行線支票後，既然還未背書轉讓他人，

為爭取領款時間，可請求發票人在平行線內記載「照付現款」字樣，並簽名或蓋章後，直接向付款人提示，請求付款。

法律小觀點

平行線支票持票人未於票據法第 130 條規定之期限內委任銀錢業為付款之提示，或不於拒絕付款日或其後 5 日內請求作成拒絕證書者，依票據法第 132 條之規定，對於背書人喪失追索權。

特別平行線支票的撤銷

> **Q** 有劃特別平行線的支票，可以撤銷嗎？
>
> **A** 可以。依票據法第 139 條第 5 項規定之文義解釋，可以撤銷。

範例故事

孫清在民國 110 年 9 月 15 日，收受賴仁所簽發的同一日期臺灣銀行臺中分行面額新臺幣 10 萬元支票後，即趕往該分行請求付款。但因賴仁在支票左上角劃有二道平行線，並在平行線內記載「遠東銀行」字樣，所以該分行承辦人員告知孫清應委託遠東銀行代領，否則拒絕付款。但孫清因急需現金，為爭取時間，想要直接領款，乃央請賴仁於平行線內再記載「照付現款」字樣，是否可行？

說明解析

票據法第 139 條第 5 項規定：「劃平行線之支票，得由發票人於平行線內記載照付現款或同義字義，由發票人簽名或蓋章於其旁，支票上有此記載者，視為平行線之撤銷。但支票經背書轉讓者，不在此限。」由於平行線支票，有普通平行線支票及特別平行線支票之分，則第 139 條第 5 項規定，究竟僅限定普通平行線支票，或也有包括特別平行線支票之撤銷？實務見解認為依第 139 條第 5 項法條編列體例觀之，該項係規定於平行線支票之後，未將特別平行線支票除外，自包括特別平行線支票在內，發票人自得將該平行線撤銷[1]。學說上則有不同看法：

一、否定說：認為票據法第 139 條第 5 項之規定，僅適用於普通平行線。如果允許特別平行線支票可以撤銷，則平行線內已記載特定金融業

---

[1] 司法院 72 年 5 月 2 日司法業務研究會第 3 期。

者，又再由發票人記載照付現款或同義字義，則該支票付款人難以判斷應向何人付款，故特別平行線並無票據法第 139 條第 5 項規定之適用。如有此項情形，付款人得拒絕付款[2,3]。

二、肯定說：認為票據法並未明文限制僅有普通平行線始得撤銷。依反面解釋，特別平行線應亦可為撤銷，且平行線支票之撤銷制度既是為執票人之利益而設，實無必要限制特別平行線之撤銷，故特別平行線支票之發票人，亦可依票據法第 139 條第 5 項規定，撤銷平行線[4,5]。

本題中，如採肯定說時，賴仁將特別平行線撤銷，應合於票據法第 139 條第 5 項之規定。

法律小觀點

前述學說的不同看法，本書採肯定說。因票據法第 139 條第 5 項前段既僅規定：「劃平行線之支票，得由發票人於平行線內記載照付現款或同義字義……。」並未就平行線支票之種類予以限制，則無論是普通平行線支票或特別平行線支票，均應一體適用；且劃平行線之目的既在保護發票人之利益，發票人如果已同意將特別平行線撤銷，自無必要再限制該效力。

PART3

支票

---

[2] 施文森，《票據法新論》，三民，1991 年，修訂四版，頁 286-287。
[3] 陳世榮，《票據法實用》，自版，1988 年 3 月，頁 198。
[4] 王志誠，《票據法》，元照，2020 年 9 月，八版，頁 531。
[5] 梁宇賢，《票據法新論》，自版，2002 年 2 月，頁 365。

平行線支票之委任取款背書

 Q 已載明禁止背書轉讓之平行線支票，可否委任取款背書？

Ⓐ 可以。

範例故事

　　張明簽發以李二為受款人，大明銀行為付款人之劃平行線，禁止背書轉讓，面額新臺幣 100 萬元之記名支票給李二。李二於支票到期後，在支票上記載委任取款之意旨後以背書方式為之，委託王三取款，大明銀行乃付款予王三。張明認為大明銀行之付款有違規定，是否有理？

說明解析

　　支票執票人為了行使取款權利，在支票上記載委任取款意旨後，可以背書方式委託他人取款，但此時執票人僅授與被背書人收取票款之代理權，並非轉讓

票據之所有權，不生票據上權利移轉之效力。也就是說，禁止背書轉讓之記名支票，依法固然不得轉讓其權利，但仍得以委任取款背書方式，委託他人代為取款。

　　又在支票正面劃平行線者，依票據法第 139 條第 3 項規定，持票人如非金融業者，則須將支票存入其在金融業者之帳戶委託取款。若劃平行線支票無禁止委任取款背書之約定，執票人即仍得於支票上載明委任取款意旨以背書為之，由受託人即被背書人將支票存入其在金融業者之帳戶委託取款。因此，於禁止背書轉讓劃平行線之記名支票為委任取款時，如受款人已為背書及於支票

上載明委託取款時，付款人即得付款予受託人[1、2]。

本題中，張明認為大明銀行之付款有違規定，是沒有理由的。

法律小觀點

委任取款之背書，其票據權利人仍為票據上原載之受款人，受任取款人僅是委任取款人之代理人，發票人並不因委任取款而影響其對受款人之抗辯權，或因委任取款即無法以假處分禁止提示而保障其權利。

---

[1] 最高法院 95 年度台上字第 2223 號判決。
[2] 臺灣高等法院 93 年度上更（一）字第 197 號判決。

支票

Q85　支票執票人對付款人之直接請求權

> **Q** 支票執票人因付款人給付遲延所負之損害賠償，其請求權時效是多久？
> **A** 15 年。

範例故事

　　王明在民國 110 年 2 月 15 日簽發同年 3 月 1 日，面額新臺幣 10 萬元，大華銀行忠孝東路分行的支票，交付張力。張力再背書轉讓給李二，李二屆期提示，卻因遭張力掛失止付而無法兌現。之後張力撤回對該支票申報權利之公示催告聲請，並告知大華銀行忠孝東路分行，但大華銀行忠孝東路分行職員未注意到張力撤回對公示催告之聲請，且當時支票帳戶之餘額足以支付支票金額，卻於李二再次提示該支票時，拒絕付款。李二能否請求因付款人給付遲延所負之損害賠償，其請求權時效是多久？

說明解析

　　付款人於發票人之存款或信用契約所約定之數，足敷支付支票金額時，應負支付之責，票據法第 143 條前段設有明文。因此，支票執票人依此規定，對付款人有直接請求權，如果支票付款人違反此項規定而拒絕付款者，則應負給付遲延之責。又通知止付人雖曾向付款行庫提出已為公示催告聲請之證明，但占有票據之人或通知止付人提出該公示催告之聲請被駁回、撤回或其除權判決之聲請被駁回確定、撤回或逾期未聲請除權判決之證明者，止付之通知失其效力，該止付之票據恢復付款，票據掛失止付處理準則第 13 條，亦有明文。

174

支票發票人簽發一定之金額，委託銀錢業者或信用合作社，於見票時無條件支付與受款人或執票人，其性質為民法第 269 條第 1 項向第三人為給付之契約，支票之受款人或執票人是委託付款契約之第三人，但亦是依該項契約關係而為付款之請求，付款人無故拒絕付款，僅負債務不履行之責任，不能認為對於支票執票人一種侵權行為[1]。但支票付款人所負上開債務，不是票據債務，其因違反該項規定拒絕付款成為給付遲延所負之損害賠償債務，應適用民法第 125 條所定 15 年之消滅時效[2]。

本題中，大華銀行忠孝東路分行職員未注意到該撤回對公示催告之聲請，且當時支票帳戶之餘額足敷支付支票金額，卻於李二再次提示該支票時，拒絕付款，李二可以向其請求因付款人給付遲延所負之損害賠償，其請求權時效是 15 年。

法律小觀點

支票付款人所負因付款給付遲延之損害賠償債務，性質上並非票據債務，所以不是適用票據法第 22 條之短期時效，而是適用民法第 125 條所定 15 年之長期時效。

---

[1] 最高法院 71 年度台上字第 3761 號判決、高等法院 98 年度上易字第 1240 號判決。
[2] 最高法院 67 年度第 2 次民事庭庭推總會議決議。

Q86　人頭支票：票據與刑責之一

Q 明知是無法兌現的空頭支票而販賣，有無刑事責任？

A 有。

範例故事

王甲以新臺幣3萬元之代價，招攬張二充當人頭，開設存款帳戶或虛設行號以不實信用而取信金融機關，致使各金融機關陷於錯誤，准許其開設支票帳戶請領支票使用。王甲於取得其收購之人頭空白支票後，再以每張支票3,000元不等的代價出售予經濟狀況不佳，急需用錢之不特定人。結果，各該人頭支票陸續退票，最終被列為拒絕往來戶，其刑事責任如何？

說明解析

一般所謂之「人頭支票」、「芭樂票」是指無法兌現之空頭支票，此又可分為未獲授權，冒用他人名義開戶、申領之支票，以及委請知情之人以相當對價或其他方式，至金融行庫設立帳戶並請領甲存支票供自己使用。亦即，發票名義人知情，並志願充為「人頭」概括授權他人簽發之支票二種。後者因發票名義人志願充為人頭，以其名義開戶及申領支票供他人簽發使用，該他人及經該他人同意而簽發之人，已得發票人即「人頭」之直接或間接概括授權而簽發，雖不成立偽造有價證券罪，然上開提供人頭設立帳戶者，帳戶內通常並無足夠支付支票金額之存款，跳票之機率甚高，則其販賣「人頭支票」予他人使用，對於所販賣之空白支票，是供知情之買受者（或其下手）接續填載金額及發票日期，以完成支票之簽發行為，使生票據法上效力，然後持以向不知情之被害人詐財，自己知情。從而，販賣者是與知情而完成支票簽發持以行使之買受者，相互利用其一部行為，以完

成其犯罪目的，對於買受者持以行使，是共犯詐欺取財罪責[1]。

本題中，王甲自始心存詐欺而交付人頭空白支票，至少構成刑法第 339 條之「詐欺」刑責。

法律小觀點

持票施詐的過程中，如進一步尚有其他犯行，例如偽簽借據者，構成刑法第 216 條、第 210 條之「行使偽造私文書」刑責；偽簽票據發票人者，構成刑法第 201 條之「偽造有價證券」刑責；偽造檢察官公函者，構成刑法第 216 條、第 211 條之「行使偽造公文書」刑責，依其犯罪態樣有不同相關罪責。

---

[1] 最高法院 95 年度台上字第 3326 號判決。

支票 ▪▪▪▪▪▪▪▪▪▪▪▪▪▪▪▪▪▪

Q87　票據與刑責之二

> **Q** 有無他人加入參與販賣空頭支票，刑責都相同嗎？
>
> **A** 不一定。如有 3 人以上共同參與且彼此間有犯意聯絡時，刑責不同。

範例故事

承 Q86，如果參與詐欺的人除王甲外，尚有李四及林乙，王甲應負擔之刑責，其結果仍然相同嗎？

說明解析

刑法的詐欺刑責，僅就有無共犯及行為人有無 3 人以上之情形而論，有「普通詐欺」及「加重詐欺」之分。

一、普通詐欺罪

刑法第 339 條規定：「意圖為自己或第三人不法之所有，以詐術使人將本人或第三人之物交付者，處五年以下有期徒刑、拘役或科或併科五十萬元以下罰金。以前項方法得財產上不法之利益或使第三人得之者，亦同。前二項之未遂犯罰之。」犯罪是既遂犯或未遂犯，以有無詐欺得手（取得財物）而論。

二、加重詐欺罪

同法第 339 條之 4 規定：「犯第三百三十九條詐欺罪而有下列情形之一者，處一年以上七年以下有期徒刑，得併科一百萬元以下罰金：一、冒用政府機關或公務員名義犯之（例如假冒是檢察官或書記官）。二、三人以上共同犯之。三、以廣播電視、電子通訊、網際網路或其他媒體等傳播工具，對公眾散布而犯之（例如是經由話務機房對公眾詐欺）。前項之未遂犯罰之。」。其中，本條第 1 項第 2 款所謂 3 人以上共同犯之，指共同實行詐騙行為之正犯達 3 人以上，且彼此間有犯意聯絡及行為分擔而言。

又實務認共同正犯之成立，只

須具有犯意之聯絡與行為之分擔，不問犯罪動機起於何人，亦不必每一階段犯行，均經參與，且意思之聯絡不限於事前協議，僅於行為當時有共同犯意之聯絡者，亦屬之，其表示之方法，亦不以明示為必要，即相互間有默示之合致，亦可。而共同實行犯罪行為之人，在合同意思範圍以內，各自分擔犯罪行為之一部，以達其犯罪目的者，即應對全部所發生之結果，共同負責。且縱共同正犯彼此間無直接之聯絡，或互不認識，無礙於其為共同正犯[1]。

本題中，如果參與共同詐欺的人除王甲外，尚有李四及林乙，且彼此間有犯意聯絡，已符合刑法第 339 條之 4 第 1 項第 2 款規定之加重詐欺罪要件，王甲不得再論以刑法第 339 條第 1 項之普通詐欺罪，而是加重詐欺罪。

法律小觀點

組織犯罪條例第 2 條第 1 項所稱 3 人以上共同犯之，是就共同實行之正犯而言，幫助犯不計入在人數之內。另行為人如果更有參與詐欺犯罪組織，並分工加重詐欺行為，法律上會評價是同時觸犯參與犯罪組織罪及加重詐欺取財罪，以想像競合犯從重論以加重詐欺取財罪[2]。

---

[1] 最高法院 111 年度台上字第 180 號判決。
[2] 臺灣高等法院臺中分院 108 年度原上訴字第 7 號判決。

Q&A

PART 4
票據與救濟

假扣押

> **Q** 起訴前，如何防止債務人事前脫產？
> **A** 可以向法院聲請假扣押。

範例故事

宋久簽發面額新臺幣 20 萬元的本票 1 張，經袁和保證後，向梁長借款。本票到期後，梁長向宋久及袁和催討無果，嗣梁長聽說宋、袁二人擬將財產轉移，該循何種途徑，才可確保其債權？

說明解析

本票的債務人拒不履行票據責任時，執票人可以考慮以起訴請求、聲請支付命令或對發票人請求裁定強制執行方式請求或同時進行。例如，對發票人請求裁定強制執行，對其他債務人則同時聲請支付命令或起訴。不過，為了防止票據債務人脫產，可以考慮聲請假扣押。

債權人聲請假扣押時，應依下列規定辦理：

一、管轄

假扣押的聲請，應向本案管轄法院或假扣押標的所在地的地方法院提起（民訴 524I）。其中，管轄法院指債權人如已起訴時，應向現在受理訴訟的法院聲請；尚未起訴時，則向將來要起訴的法院聲請。但訴訟現繫屬於第二審者，得以第二審法院為本案管轄法院（民訴 524II）

二、提出聲請狀

債權人應以書狀載明下列事項（聲請狀格式參閱附錄，第 264 頁，民訴 525）。

（一）當事人及法定代理人。狀上應記明債權人及債務人姓名及地址。如債務人是未成年人或屬公司組織者，併記明法定代理人姓名。

（二）請求。即請求查封的債權額，及其請求的原因、事實。

（三）假扣押的原因。說明日後不能強制執行（例如，脫產）或甚難執行，或表明願供擔保，代替釋明假扣押的原因（民訴 526）。

（四）法院。

三、繳納擔保金

債權人在接到假扣押裁定正本俊，就應按裁定所載的擔保額（通常是債權額的三分之一），向法院提存所辦理提存擔保金[1]再憑擔保金的收據，向法院民事執行處聲請執行。如應具狀聲請假扣押執行時，應於收受假扣押裁定後 30 日內為之[2]。

本題中，梁長除起訴請求外，並可聲請假扣押以保全債權取償。

法律小觀點

聲請假扣押執行，超過 5,000 元以上者，執行費用按執行標的金額或價額的千分之七計算（例如，債權為 7 萬元，執行費是 490 元）[3]。如聲請扣押土地或房屋時，應附上土地登記簿謄本或建築改良物登記簿謄本，供執行法院調查是否確在其轄區內。

---

[1] 辦理提存，應先向法院購買提存書一份，填載提存原因後，向法院提存所辦理。

[2] 強制執行法第 132 條第 3 項規定：「債權人收受假扣押或假處分裁定後已逾三十日者，不得聲請執行。」

[3] 強制執行法第 28 條之 2 第 1 項規定：「民事強制執行，其執行標的金額或價額未滿新臺幣五千元者，免徵執行費；新臺幣五千元以上者，每百元徵收七角，其畸零之數不滿百元者，以百元計算。」

Q89 票據的假處分

Q 可以禁止執票人提示票據嗎？

A 可以。

範例故事

魏二在民國 110 年 10 月 15 日至鄭一處，表示其因週轉困難，願廉售自有房屋一棟。鄭一信以為真，簽發同月 30 日，面額新臺幣 20 萬元的支票為定金，不料鄭一事後打聽，才知道魏二的房屋早已出售他人，並已辦妥所有權移轉登記，鄭一知悉受騙後，要找魏二理論，魏二卻避不見面，鄭一應如何阻止魏二領取票款？

說明解析

依照票據法施行細則第 4 條規定：「票據為不得享有票據上權利或票據權利應受限制之人獲得時，原票據權利人得依假處分程序，聲請法院為禁止占有票據之人向付款人請求付款之處分。」茲將聲請票據假處分，應具備的條件分述如下：

一、聲請禁止處分的對象

（一）不得享有票據上權利的人：這是指無正當權利取得票據的人。例如，竊取人或拾得人，及由無正當權利人手中受讓票據，而受讓當時早已知道前手是無正當權利人，或受讓當時，按其情況應知道前手是無正當權利人。

（二）票據權利應受限制的人：這是指自無正當權利人或票據上權利有瑕疵的人手中，受贈票據或以低於票面額的代價取得票據而言（票 14）。例如，甲偷得乙的支票後，將支票贈送給丙；或支票面額是 10 萬元，卻以 3 萬元代價交給丁。此時，丙或丁皆是票據權利應受限制的人。

二、聲請人

票據已背書轉讓他人時，應以最後執票人才有權聲請，因為

執有票據的人才可主張權利[1]；而發票人在簽發票據後，交付前既曾占有票據，當然是票據權利人，如果是被他人以不法方法取得票據（例如，竊取），發票人當然也有權對他人聲請假處分[2]。

三、聲請內容

聲請人應在禁止聲請假處分狀上表明，請求法院禁止該執票人向付款人提示付款或再轉讓支票給他人（聲請格式參閱附錄，第264、265頁）。

本題中，鄭一既受魏二詐騙而簽發支票，魏二自然不得享有票據上權利。所以，鄭一可以聲請法院對該支票假處分。

法律小觀點

假扣押著重在金錢或得易為金錢的請求；假處分著重在金錢以外的請求。票據的假處分除了應符合上述條件外，其聲請程序及方式大致與假扣押相同，不再重複。

1 司法院司法業務研究會第 3 期有關票據法研究第 19 則結論。
2 同註 1。

Q90 聲請假處分事件原因

Q 聲請假處分事件，只限於票據法施行細則第 4 條規定之情形嗎？

A 不一定。為防止發生重大之損害或避免急迫之危險或有其他相類之情形而有必要時，仍可以聲請假處分。

範例故事

李章為向陳路購買其經營之公司股份，簽發金額達 5,000 萬元之支票支付。嗣買賣合約已撤銷，但陳路不僅拒不返還支票，還要求李章付清票款，李章應如何阻止陳路屆期提示或轉讓該支票予他人？

說明解析

票據有票據法施行細則第 4 條所定不得享有票據上權利或票據權利應受限制之人獲得之情形時，原票據權利人固得依假處分程序聲請法院為禁止占有票據之人向付款人請求付款之處分，惟

票據關係之當事人間對於有爭執之法律關係，為防止發生重大之損害或避免急迫之危險或有其他相類之情形而有必要時，仍得依民事訴訟法第 538 條第 1 項之規定為定暫時狀態處分之聲請，無須以具備票據法施行細則第 4 條所定聲請要件為限[1]。

所謂有爭執之法律關係，無論財產上或身分上之法律關係均屬之，其為財產上之法律關係者，亦不以金錢請求以外之法律關係為限；只要為防止發生重大之損害，或避免急迫之危險或有其他相類之情形而有必要，且得以本案訴訟確定時，即得聲請為該項處分[2]。

---

[1] 最高法院 97 年度台抗字第 533 號裁定。
[2] 最高法院 98 年度台抗字第 539 號裁定。

所謂定暫時狀態之必要，即保全必要性，指為防止發生重大損害，或為避免急迫危險，或有其他相類似之情形發生必須加以制止而言。該必要之情事，乃定暫時狀態處分之原因，依同法第538條之4準用第533條規定應由聲請人釋明。

但損害是否重大、危險是否急迫或是否有其他相類之情形，應釋明至何種程度，由法院就聲請人因許可假處分所能獲得之利益等比較衡量。

本題中，李章可主張其支票發票日將至，而如准其聲請，禁止陳路為提示之定暫時狀態處分，其可能獲得之利益高達5,000萬元（即票面金額），而陳路所蒙受之損害則為延後受償該金額之利息損失，兩相比較，李章因此可獲得之利益顯然大於陳路所蒙受之損害，堪認本件有避免急迫危險之定暫時狀態處分之必要，就定暫時狀態處分之原因，已有相當之釋明。且即或釋明仍不足，得以供擔保補足之，自有准許假處分之必要。

法律小觀點

法院審酌債權人之損害重大與否，須視聲請人因定暫時狀態處分所應獲得之利益或避免之損害是否逾相對人因該處分所蒙受之不利益或損害而定。聲請人因處分所應獲之利益或避免之損害大於相對人因該處分所受之不利益或損害，始得謂為重大而具有保全之必要[3]。

---

[3] 同註1。

Q91　命令起訴

> **Q** 執票人之票據被假處分時，如何自保？
> **A** 命令起訴。

範例故事

大華有限公司簽發支票 1 張向楊明製造廠購買腳踏車 50 輛。楊明製造廠嗣提示時，才發覺大華有限公司以楊明製造廠所交付的腳踏車有瑕疵為由，將該支票聲請假處分，銀行因此拒絕付款。楊明製造廠雖對假處分裁定提起抗告，卻遭抗告駁回，此時應如何處理？

說明解析

債權人認為債務人有脫產的可能時，可以聲請假扣押。又發票人簽發支票後，主張執票人有不得請求付款的情形，可以聲請將支票假處分，禁止執票人暫時不得提示付款及轉讓，然後再起訴請求賠償或要求返還票據，以免自己蒙受損失。但假如債權人在假扣押或假處分後，卻拒絕與債務人或執票人協商，亦不起訴請求，致彼此間誰是誰非，無法經

由法院來做判斷，如此長久以往，債務人無法處分財產或執票人無法請領票款，權利將因而受損，為求平衡雙方權益，法律乃賦予債務人（含執票人）有命令起訴的權利。

依據民事訴訟法第 529 條、第 533 條的規定，債權人在假扣押或假處分後，一直不提起本案的訴訟，主張因債務人的行為有所損害時，債務人可以具狀請求執行假扣押或假處分的法院（聲請狀參閱附錄，第 264、265 頁），命令債權人在一定的期間內（通常為 10 日）起訴，債權人如果不在法院所定期間內起訴時，債務人可在命令起訴的期間屆滿後，聲請執行法院撤銷假扣押或假處分的裁定，以恢復自己的權利。

不過，所謂「本案訴訟」，是指債權人所假處分或假扣押的債權，起訴後經法院審理認為真實，取得勝訴確定的給付判決而

言。如果是非訟程序而取得的執行名義如本票准許強制執行裁定者，並不包括在內[1]。換言之，債權人聲請假扣押或假處分後，如果以本票准許強制執行的裁定請求執行時，債務人要求應起訴時，債權人仍應另行起訴。

　　本題中，楊明製造廠雖對假處分裁定提起抗告，但因為抗告法院無法做實體調查，當然仍會駁回抗告，該廠負責人楊文如果認為票據債務人的假處分無理由，而又不起訴時，自然可以聲請法院限期命大華有限公司起訴，如果大華過了限期不起訴，楊文可請求法院撤銷假處分，而請求付款銀行付款。

法律小觀點

本票准許強制執行裁定是非訟事件性質，並未實體認定權利的有無，並無既判力可言。

---

[1] 最高法院 65 年度第 1 次民庭庭推總會議決議（一）。

Q92 票據假扣押（假處分）擔保金的請求返還之一

Q 因向票據債務人假扣押、假處分而提供之擔保金，但本案訴訟未獲全部勝訴者，應如何取回？

A 須經法院裁定返還，才可以取回。

範例故事

高民曾簽發面額新臺幣 9 萬元的支票給李大，但支票屆期未兌現。李大為防止高民脫產，提供 3 萬元的擔保金向法院聲請假扣押。之後，李大起訴請求給付之 9 萬元中，法院僅判決高民給付 5 萬元確定，李大如何取回擔保金 3 萬元？

說明解析

假扣押、假處分擔保金之供擔保人應請求法院返還該擔保金之情形如下（民訴 104I）：

一、應供擔保之原因消滅。所謂「應供擔保之原因消滅」，是指供擔保的原因，事後已不存在。例如，假扣押後，債權人之本案訴訟已判決確定，或已賠償債務人等[1]或無須供訴訟費用之擔保者[2]。至於，債權人提供擔保請求假執行，如債務人亦供擔保請求免為假執行時，則債權人不得以債務人已供擔保為理由，主張擔保之原因消滅。

二、訴訟終結後，供擔保人證明已定 20 日以上之期間，催告受擔保利益人（票據債務人）行使權利而未行使，或法院依供擔保人之聲請，通知受擔保利益人於一定期間

---

[1] 最高法院 53 年台抗字第 279 號判例。
[2] 最高法院 98 年度台抗字第 434 號裁定。

內行使權利並向法院為行使權利之證明而未證明者（民訴 104I、106）。而因釋明假扣押原因所供之擔保，是為了擔保債務人因假扣押所應受之損害，故必待無損害發生，或債權人本案全部勝訴確定，或就所生之損害已經賠償時，始得謂供擔保之原因消滅[3]。供擔保人提起訴訟，如遭判決敗訴確定時，因受擔保利益人於被執行期間，可能發生損害，所以供擔保人在訴訟終結後，應定 20 日以上的期間催告（通常以存證信函通知）對方行使損害賠償請求權，受擔保利益人逾期未起訴請求損害賠償時，供擔保人可檢具提存書、裁定（假扣押或假處分）或判決書（假執行）、存證信函等影本，請求法院裁定發還擔保金（聲請狀參閱附錄，第 266 頁）。供擔保人請求執行假扣押或假處分後，未曾提起本案訴訟者，如債務人請求法院撤銷假扣押（假處分）裁定，經法院裁定後，仍屬訴訟終結的情形。

三、供擔保人證明受擔保利益人同意返還者。

本題中，李大要取回原供擔保的 3 萬元，依上列情形第一種，聲請法院裁定返還，才可以取回。

法律小觀點

執行擔保金的返還，規定於民事訴訟法內，與票據法的規定原無牽連，惟本書既已述及票據的執行問題，則對執行擔保金的請求返還，自須一併說明。

民事訴訟法第 104 條第 1 項第 3 款，所謂受擔保利益人行使權利，指於催告期間內向法院起訴或為與起訴相同之訴訟行為（例如聲請支付命令）而言[4]。

---

[3] 同註 1。
[4] 最高法院 111 年度台抗字第 306 號裁定。

Q93 票據假扣押（假處分）擔保金的請求返還之二

Q 因向票據債務人假扣押、假處分而提供之擔保金，本案訴訟已全部勝訴者，應如何取回？

A 直接向法院提存所請求返還即可。

範例故事

承 Q92，李大對高民起訴請求給付票款 9 萬元，已獲全部勝訴判決確定，則李大應如何取回原供擔保的 3 萬元？

說明解析

擔保提存之提存人於提存後，有下列情形之一者，得聲請該管法院提存所返還提存物：

一、假執行之本案判決已全部勝訴確定。

二、因免為假執行而預供擔保或將請求標的物提存，其假執行之宣告全部失其效力。

三、假扣押、假處分、假執行經裁判後未聲請執行，或於執行程序實施前撤回執行之聲請。

四、因免為假扣押、假處分、假執行預供擔保，而有前款情形。

五、假扣押、假處分所保全之請求，其本案訴訟已獲全部勝訴判決確定；其請求取得與確定判決有同一效力者，亦同。

六、假執行、假扣押或假處分所保全之請求，其本案訴訟經和解或調解成立，受擔保利益人負部分給付義務而對提存物之權利聲明不予保留。

七、依法令提供擔保停止強制執行，其本案訴訟已獲全部勝訴判決確定。

八、受擔保利益人於法官或提存所主任前表明同意返還，經記明筆錄。

九、提存出於錯誤或依其他法律

之規定，經法院裁定返還確定[1]。

供擔保人為證明確於執行前撤回，應請民事執行處發給撤回執行證明書，以憑辦理。

擔保人證明受擔保利益人同意返還。此即受擔保利益人同意供擔保人取回擔保金。惟此種情形，除非受擔保利益人本人同往法院提存所表示同意，否則，如僅以書面表示同意時（同意書內須載明為何案之擔保金），尚應提出印鑑證明書，證明同意書內之印章確為本人印章。不過，如

供擔保人於訴訟中經法院和解者，可請求法院於和解筆錄內，併予記載受擔保利益人同意取回擔保金字樣，以省卻前述麻煩。

又無論是裁定返還或逕向提存所請求返還，皆須填載取回提存物請求書才可辦理。

本題中，李大對高民起訴請求給付票款 9 萬元，已獲全部勝訴判決確定，符合前述第五種情形，李大要取回原供擔保的 3 萬元，直接向法院提存所請求返還即可。

法律小觀點

聲請返還擔保金，要記得於供擔保原因消滅之翌日起 10 年內為之；逾期其提存物歸屬國庫。

---

[1] 提存法第 18 條。

票據假扣押（假處分）擔保金的請求返還之三

 Q 票據債務人因假扣押、假處分而受有損害，如何於一定期間內行使權利？

A 應於受催告 20 日內提起損害賠償訴訟。

範例故事

范一向李二購買貨物而簽發新臺幣 1,500 萬元的支票給李二。但因范一曾提供 1,500 萬元擔保金後，聲請禁止李二提示該支票，並提起確認 1,500 萬元支票債權不存在的訴訟。而後，該支票債權不存在的訴訟，經法院判決范一敗訴確定。范一為取回擔保金，該如何進行？

說明解析

受擔保利益人就受假扣押、假處分之本案訴訟獲得勝訴判決確定後，雖然可以隨時對供擔保人所供擔保行使權利，但也不可以延遲不行使，故民事訴訟法第 104 條第 1 項第 3 款規定，受擔保利益人經催告後，逾期不於受催告 20 日內（如供擔保人所定期間較 20 日長，依較長期間）行使權利時，法院應依供擔保人之聲請，以裁定命返還擔保物。茲分述如下：

一、應於受催告的期間行使權利，如逾期才行使權利，法院會依供擔保人之聲請，裁定命返還擔保物。

二、所謂行使權利，指受擔保利益人因被假扣押、假處分或假執行後所受之損害。所以，其提起者是有關「損害賠償」之訴訟。

三、受擔保利益人雖在催告期間內行使權利，但如其所行使權利之金額不及供擔保之金額者，其超過行使權利金額之部分應認為受擔保利益人未行使其權利，供擔保人自得聲請法院發還此部分之擔保金。此時，受擔保利益

人對該部分擔保金已生喪失擔保利益之效果，縱在法院尚未裁定准許發還擔保金前，受擔保利益人已於其所提起之本案訴訟為訴之變更或追加，法院仍應裁定准許發還該部分之擔保金[1]。例如，供擔保人原供擔保金額是 1,000 萬元，受擔保利益人行使權利請求之金額僅為 100 萬元及其法定遲延利息。則保留 150 萬元已足以擔保相對人之損害額，法院仍可以裁定准予發還 850 萬元之擔保金。

四、受擔保利益人雖逾民事訴訟法第 106 條準用同法第 104 條第 1 項第 3 款規定之 20 日以上之期間，才行使其權利，但如果行使權利時，供擔保人還沒有向法院為返還提存物之聲請時，仍屬合法有效，並非一逾該期間即生失權之效果[2]。

范一應依民事訴訟法第 104 條第 1 項第 3 款規定辦理催告。

法律小觀點

受擔保利益人雖在法定受催告期間內，向法院起訴行使權利，但其訴如不合法，經法院裁定駁回確定，仍不得認其已於催告期間內合法行使權利[3]。

---

[1] 最高法院 91 年度台抗字第 360 號、91 年度台抗字第 245 號裁定。
[2] 最高法院 90 年度台抗字第 282 號裁定。
[3] 最高法院 89 年度台抗字第 425 號裁定。

Q95　附帶民事訴訟

Q 簽票詐欺案件，可否提起附帶民事訴訟？

A 可以。但應等到檢察官起訴時，才可以提出。

範例故事

張松在民國 109 年 6 月 1 日，向王建購買值新臺幣 8 萬元的鋼琴 1 架，並簽發同年 8 月 1 日，面額 8 萬元的支票 1 張交付給王建。支票到期後，王建向付款銀行提示，卻因存款不足而遭退票，經向張松催討，又僅獲得清償 2 萬 5,000 元，餘款張松一再藉詞不予償還。於是，王建向檢察官告訴張松詐欺，並在檢察官偵查期間中，提起附帶民事訴訟請求張松支付剩餘票款 5 萬 5,000 元及利息，是否有理？

說明解析

因被告犯罪而受損害的人，在檢察官對被告起訴後（或被害人自訴後），第二審辯論終結前，可以提起附帶民事訴訟。但在第一審辯論終結後，還沒有對刑事判決上訴以前，不可以單獨提起附帶民事訴訟（刑訴 488）。附帶民訴的被告，除了刑事被告外，並包括依民法應負損害賠償責任的人，例如，甲為貨車司機，在載貨途中不小心撞傷乙，則在甲被起訴過失傷害後，乙可具狀向審理刑事的法院提起附帶民訴，請求貨車司機甲（刑事被告）及貨運公司丙（丙為甲的僱用人，依民法第 188 條的規定，負連帶損害賠償責任）連帶賠償他的損害。

由於提起附帶民事訴訟時，不必像一般民事訴訟事件，須按請求價額的百分之一繳納裁判費；而且附帶民訴事件如未與刑事案件同時判決，刑事庭亦會主動移送民事庭審理，無須聲請移送或再行起訴，非常便捷，故對被害人而言，附帶民事訴訟是個值得尋求救濟的途徑。

不過，提起附帶民事訴訟的人，是以因犯罪而受損害的人為限，所以刑事案件未起訴前，告訴人不得主張為被害者，提起附

帶民事訴訟。

　　本題中，發票人張松如果是利用支票來詐欺，被害人即執票人王建在詐欺案件中，雖可主張因詐欺行為而受有損害，提起附帶民事訴訟。但依題述情形，王建告訴的案件尚在檢察官偵查中，故王建不可逕行提起附帶民訴，應等到檢察官日後起訴時，才可提出。

法律小觀點

刑事訴訟法第 488 條雖規定，被害人在檢察官起訴後，即可提起附帶民事訴訟；惟實務上，均於第一審法院法官通知刑事案件開始審理階段之時，才提起附帶民事訴訟。提出附帶民事訴訟時，應於狀紙首頁表明是附帶民事起訴狀，且宜將法院審理的案號及股別填載（如 100 年度易字第○○號），否則易被誤會是一般民事起訴案件，而被要求補繳裁判費。

Q96 冤屈何處申：管轄法院

Q 票款涉訟，受理的法院有限制嗎？

A 有。

範例故事

王甲的住所在新竹，其持有住所位於臺中市之丁乙所簽發，未載付款地及發票地之本票，向臺灣臺中地方法院聲請裁定准予強制執行後，丁乙以兩造間就該本票並無債權債務關係存在為由，向臺灣臺中地方法院起訴請求確認該本票之債權不存在，臺灣臺中地方法院就該訴訟有無管轄權？

說明解析

訴訟，原則上由被告住所地之法院管轄。被告住所地之法院不能行使職權者，由其居所地之法院管轄。訴之原因事實發生於被告居所地者，亦得由其居所地之

法院管轄（民訴11）。

但民事訴訟法第13條規定：「本於票據有所請求而涉訟者，得由票據付款地之法院管轄。」所謂「本於票據有所請求而涉訟者」應包括確認票據債權存在或不存在之訴訟在內[1]。又票據法第120條第4項、第5項規定：「未載發票地者，以發票人之營業所、住所或居所所在地為發票地。未載付款地者，以發票地為付款地。」故本票未記載付款地或發票地時，應以發票人之住所地為付款地，該付款地之法院就該訴訟自有管轄權[2]。

另，票據涉訟案件不問金額多少，一律適用簡易程序[3]。所謂票據涉訟案件，包括：一、執票人請求票據債務人給付票款訴

---

[1] 最高法院81年台抗字第412號判例。

[2] 臺灣高等法院暨所屬法院100年法律座談會民事類提案第32號。

[3] 民事訴訟法第427條第2項第6款規定：「本於票據有所請求而涉訟者，不問其標的金額或價額一律適用簡易程序。」

訟：二、票據債務人主張票款債權不存在（例如，已清償），請求確認票款債權不存在訴訟；三、票據債權人主張票款債權仍然存在，卻因債務人否認，而請求確認票款債權存在訴訟等情形[4]。至於，票據法第 22 條第 4 項所規定之利得償還請求權，其性質既非票據權利，縱因而訴訟，亦不在前述票據涉訟案件範圍內[5]。

適用簡易訴訟程序之事件，為求速審速結，減輕訟累，現全國各地方法院或分院均依轄區大小酌情設置簡易庭，以便處理此類事件（簡易庭轄區見附錄，第 273 頁到第 275 頁），例如，臺灣臺中地方法院即設有臺中、豐原、沙鹿等三個簡易庭。

本題中，被告王甲之住所雖在新竹，但丁乙是以兩造間就該本票並無債權債務關係存在為由，向臺灣臺中地方法院起訴請求確認該本票之債權不存在，而丁乙簽發之本票並未記載付款地或發票地，應以丁乙之住所地即臺中市為付款地，臺灣臺中地方法院就該訴訟自有管轄權。

法律小觀點

以原（告）（遷）就被（告）雖然是民事訴訟事件之起訴大原則，但民事訴訟法也有很多例外規定。本於票據有所請求而涉訟事件，就是一例。

---

[4] 同註 1。
[5] 又票據法第 55 條第 2 項、第 83 條第 2 項、第 93 條、第 134 條、第 140 條請求損害賠償之訴訟，匯票支票付款人依票據資金委託關係請求發票人返還資金之訴訟，亦有認均非簡易訴訟（參見王甲乙、楊健華、鄭健才三人合著，《民事訴訟法新論》，頁 511）。

PART4

票據與救濟

票據與救濟

Q97　上訴之限制

Q 請求給付票據款項案件，可以上訴第三審嗎？

A 不一定。須視金額而定，並應經原裁判法院之許可。

範例故事

王林在民國 109 年 8 月 1 日收受住於臺中市豐原區，張孫簽發之金額新臺幣 200 萬元支票 1 紙。不料，支票到期經提示，卻遭退票。王林向臺灣臺中地方法院簡易庭起訴，請求張孫給付票款，獲得勝訴判決，張孫不服該判決，應向哪一個法院提起上訴？如果上訴後被駁回，張孫是否還可以再上訴第三審？

說明解析

不服簡易訴訟事件之第一審判決，得向管轄之地方法院提起上訴。但對於簡易訴訟程序之第二審裁判，其上訴利益須逾民事訴訟法第 466 條所定之 150 萬元者，當事人才得以原判決適用法規顯有錯誤為理由，逕向最高法院提起上訴或抗告，並且須經原裁判法院之許可，而該項許可，以訴訟事件所涉及之法律見解具有原則上之重要性為限。

也就是說，簡易訴訟程序之第二審裁判，除應於收受本判決正本送達後 20 日內上訴或抗告外，要向最高法院提起，並須具備三條件：一、上訴利益逾 150 萬元；二、原判決適用法規顯有錯誤；三、法律見解具有原則上之重要性為限[1]。所謂適用法規顯有錯誤，是指原第二審判決之內容就其取捨證據所確定之事實適用法規顯有錯誤而言，不包括判決不備理由或漏未斟酌證據，及認定事實錯誤之情形在內[2]。

---

[1] 民事訴訟法第 436 條之 2 第 1 項及第 436 條之 3 第 1 項、第 2 項規定。
[2] 最高法院 97 年度台簡抗字第 18 號裁定。

因此，未表明該判決所違背之法令及其具體內容，暨依訴訟資料合於該違背法令之具體事實，並具體敘述為從事法之續造、確保裁判之一致性或其他所涉及之法律見解具有原則上重要性之理由，並非合法表明上訴理由。因地方法院合議庭認應許可者，須添具意見書敘明：一、上訴理由所指摘第二審判決適用法規顯有錯誤；二、該事件涉及之法律見解具有原則上重要性。送給第三審法院審酌。

又上訴或抗告狀，應向原判決法院提出上訴狀（須按他造當事人之人數附繕本），並經原判決法院認原判決確涉及法律見解具有原則上重要性者，許可後才可上訴，且上訴時應提出委任律師或具有律師資格之人之委任狀；委任有律師資格者，另應附具律師及格證書。

本題中，張孫不服第一審之判決，應向管轄之臺灣臺中地方法院合議庭上訴，如果上訴後仍被駁回，因訴訟標的價額 200 萬元，已超過法定 150 萬元標準，可以再上訴第三審。

法律小觀點

民事訴訟法第 436 條之 1 至第 436 條之 4，均為就簡易事件之上訴及飛躍上訴、抗告及飛躍抗告合併而為規定。

Q98 債務人財產之查報與執行

> **Q** 不知債務人財產在何處，如何執行？
>
> **A** 可以向債務人之住居所、公務所、事務所、營業所所在地之法院聲請執行。

範例故事

張華拿到住在臺北的陳明所簽發的支票一張，經提示退票，向法院起訴請求陳明給付票款。獲得勝訴判決確定後，卻因不知陳明的財產在何處，故遲遲未聲請法院執行。張華後續可以如何進行，才能保障自己的權利？

說明解析

債務人財產債務人可供強制執行之有金錢價值之一切權利與物品，包括：債權（例如，借款返還請求權、資請求權）、物權（例如，抵押權）、無體財產權（例如，著作權、專利權）、股東權（例如，公司股東對公司請求權）、動產或不動產等。

債權人在聲請強制執行前，依稅捐稽徵法第 33 條第 1 項第 8 款規定，如已取得民事確定判決或其他執行名義者，為向法院聲請強制執行債務人財產，可向財政部國稅局申請查調債務人財產、所得資料。本人申請查調時攜身分證正本及執行名義確定證明文件（例如，民事判決、支付命令或其他強制執行法第 4 條第 1 項之執行名義），並應填寫「債權人查調債務人財產、所得資料申請書」（簽名或蓋章）。代理人申請時，除上項證件外應加附：一、代理人身分證正本、印章；二、授權書或委任書。債權人每查調一位債務人之財產（所得）資料收費新臺幣 250 元整。

而債權人聲請強制執行後，強制執行法第 19 條規定：「執行法院對於強制執行事件，認有調查之必要時，得命債權人查報，或依職權調查之。執行法院得向稅捐及其他有關機關、團體或知

悉債務人財產之人調查債務人財產狀況，受調查者不得拒絕。但受調查者為個人時，如有正當理由，不在此限。」故法院依強制執行法第18條第1項開始強制執行程序後，依上述規定，對於強制執行事件，認為有調查之必要時，得命債權人查報。債權人再依該相關查報證明，依同上程序查詢[1]。

本題中，張華可向債務人住所地之法院即臺灣臺北地方法院[2]提出聲請執行狀（見附錄，第268頁），及按執行標的價值繳納千分之七執行費，可於狀內併說明因不悉債務人財產所在地，請求臺灣臺北地方法院發給命債權人查報之相關證明，再憑以向相關機關（稅捐機關等）查明債務人財產，以便執行。或於聲請執行前，逕向相關機關聲請查調。

票據與救濟

法律小觀點

題述情形是以債權人不知悉債務人財產所在地為前提，所做之討論。但如果債權人知悉債務人財產所在地時，例如債務人雖住臺北，但其財產在臺中時，則應逕向執行標的物所在地之法院即臺灣臺中地方法院聲請執行[3]。

---

[1] 法務部104年1月29日法律決字第10300716620號函。
[2] 強制執行法第7條第2項規定：「應執行之標的物所在地或應為執行行為地不明者，由債務人之住居所、公務所、事務所、營業所所在地之法院管轄。」
[3] 強制執行法第7條第1項規定：「強制執行由應執行之標的物所在地或應為執行行為地之法院管轄。」

聲明參加分配之程序及效力

Q 債務人的財產已被執行中,我也是債權人,該怎麼辦?

A 可以請求參加分配。

範例故事

金興分別簽發面額新臺幣 300 萬元及 200 萬元的支票向張長及陳石借款。不料支票到期退票。張長於 109 年 6 月間取得法院判決後,聲請對金興價值 300 萬元之房子執行。陳石也取得法院判決欲執行時,卻發覺金興已無其他財產,陳石應怎麼辦,才能保障自己權利?

說明解析

債務人的全部財產已為部分債權人查封時,其他債權人無法重複聲請執行,僅得具狀聲明參加分配(聲請格式參閱附錄,第 268 頁)。參加分配應合於下列要件:

一、有執行名義

執行名義,指對債務人取得勝訴之確定判決、裁定(如支付命令、本票許可強制執行),或經法院成立之和解、調解(非經法院之和解或調解,如私人間之和解約定,則無執行名義)。

二、應於法定程序終結前一日聲請

法定程序終結前一日,指應於標的物拍賣或變賣終結或依法交債權人承受之日一日前,其不經拍賣或變賣者,應於當次分配表作成之日前一日為之(強 32I)。其意義分述如下:

(一)標的物拍賣或變賣終結之日一日前:「拍賣」,指法院將查封之動產或不動產,指定於一定期日出售,屆期,賣與出價最高之人(動產拍賣,由應買人當場公開競爭喊價。不動產拍賣,由應買人投標)。「變賣」,指法院將查封之動產,不經拍賣程序,而以相當價格賣出。

（二）依法交債權人承受之日一日前：拍賣之物無人應買或不動產應買人出價未達最低價時，債權人願承受時[1、2]，參與分配應於債權人承受日前一日提出。

（三）不經拍賣或變賣者，應於當次分配表作成之日一日前為之：不經拍賣或變賣者，指如不動產強制管理時所得之收益[3]，或執行法院對第三人發禁止命令後[4]，債權人尚未向第三人收取債權等情形。當次分配表是否作成，以書記官作成之分配表，是否經執行法官核定為準。又如分配表雖已作成，但分配金額或順序有所錯誤，經當事人聲明異議時，自仍以法院更正重新製作之分配表為準。

未於前述期間內聲明參與分配者，只得就先聲請之債權人受償餘額而受清償[5]。故逾期聲明參加分配之債權人，須於先聲請之債權人受償後仍有餘額時，才能求償。

三、應以書狀聲明（參閱附錄，第 268 頁），並繳納執行費。執行費按標的物價值千分之七計算。

本題中，金興之財產既僅有300 萬元，陳石應立即具狀聲明參與分配，以便和張長同受分配。

法律小觀點

未於前述拍賣、變賣、債權人承受日或當次分配表作成之日 1 日前，聲明參與分配者，僅得就前項債權人受償餘額而受清償。

---

[1] 強制執行法第 71 條。
[2] 強制執行法第 91 條第 1 項。
[3] 強制執行法第 103 條。
[4] 強制執行法第 115 條第 1 項。
[5] 強制執行法第 32 條。

Q100 支付命令及利息請求限制

Q 遭到退票，一定要起訴嗎？利息之請求，有限制嗎？

A 可聲請支付命令。利息之請求，不可超過法定最高利率之限制。

範例故事

丁文於民國 109 年 2 月 1 日向李明借款新臺幣 100 萬元，李明要求按年息 30% 計算，丁文因急需用款，乃簽發面額 130 萬元，發票日為 110 年 2 月 1 日之支票 1 紙交付李明。然支票到期後，李明向丁文請求時，丁文以票載之利息過高為由，表示拒付。李明於是向法院聲請發給支付命令，2 人有無理由？

說明解析

約定利率超過百分之十六者，債權人對於超過部分之利息，無請求權（民 205）。丁文向李明借款 100 萬元，1 年後應還本息高達 130 萬元，其年息 30 萬元，利率均明顯超過週年百分之十六。雖曾經丁文同意而簽發票據，惟仍應受法定最高利率之限制，利率超過週年百分之十六部分，無請求權。

執票人遭到退票若不想直接起訴，可以考慮聲請支付命令（聲請格式參閱附錄，第 269 頁）。支付命令專屬被告住所地、居所地、法人之主事務所或主營業所所在地之法院管轄，而如被告有數人者，且其住所不在同一法院管轄區域內者，各該住所地之法院都有管轄權（民訴 510）。但聲請時，可先考量下列優、缺點：

一、優點

（一）不須開庭，法院僅憑債權人提出之資料審酌應否准許，程序便捷。

（二）經合法送達債務人收受後，債務人如未於 20 日之不變期間內向發支付命令之法院提出

異議者，該支付命令即得爲執行名義，發生實質上之執行力[1]。

二、缺點

（一）20日之不變期間，係自支付命令送達後起算，如未經合法送達，則20日之不變期間無從起算，支付命令不能確定。且發支付命令後，3個月內不能送達於債務人者，其命令失其效力[2]，所以聲請支付命令前，應先確定能否合法送達。

（二）債務人提出異議時，僅須表明不同意債權人提出之請求等意旨，即屬合法之異議，不須說明理由，亦不必提出具體證據[3]。

（三）如聲請人應爲對待給付尚未履行（例如執票人因售貨而取得票據，卻尚未交付貨物）或支付命令之送達應於外國爲之，或依公示送達爲之者，不得聲請支付命令（民訴509）。

本題中，李明雖可聲請支付命令，但丁文向李明借款100萬元，年息高達30萬元，超過年息16萬元部分，李明並無請求權。

法律小觀點

債務人對於支付命令於法定期間合法提出異議者，支付命令於異議範圍內失其效力，但債權人支付命令之聲請，可視爲起訴或聲請調解，並補交不足之裁判費[4]。

---

[1] 民事訴訟法第 521 條。
[2] 民事訴訟法第 515 條第 1 項。
[3] 民事訴訟法第 516 條。
[4] 民事訴訟法第 519 條。

PART 5

附　　錄

相關法院判決、法規及函釋

最高法院 63 年度台上字第 493 號判決

發票年、月、日係屬票據法所定支票應記載事項之一,而欠缺票據法所規定票據上應記載事項之一者,其票據為無效,為同法第 125 條第 1 項第 7 款,第 11 條第 1 項所明文。被上訴人簽發或背書之系爭支票,雖有發票年、月,如 62 年 8 月之記載,但既未記載發票日,依法自屬無效。雖同法第 11 條第 2 項有「執票人善意取得已具備本法規定應記載事項之票據者,得依票據文義行使權利,票據債務人不得以票據原係欠缺應記載事項為理由,對於執票人主張票據無效」之規定,然究以善意取得已具備票據法規定應記載事項之票據為前提,始生票據債務人不得以票據原係欠缺應記載事項為理由,對抗執票人之問題⋯⋯。

最高法院 68 年台上字第 1751 號判例

票據法第 125 條第 1 項雖未規定發票人在支票上簽名或蓋章之位置,上訴人於某公司簽發訟爭支票記載之金額上加蓋印章,在社會通常觀念,係屬防止塗改作用,當難認為發票行為。

最高法院 89 年度台抗字第 437 號裁定

本票應記載一定之金額,此固為絕對應記載之事項(參照票據法第 120 條第 1 項第 2 款)。惟此金額之記載僅須明確、固定為已足,究以文字或號碼記載要非所問。至票據法第 7 條及票據法施行細則第 3 條規定,記載票據金額之方法,有文字及號碼兩種,前者規定二者記載方法不符時以文字為準,此無非以文字記載較為鄭重而已,並非否認號碼記載之效力,後者規定號碼記載視同文字記載之情形,亦認以號碼記載金額為有效。亦即法律上並無禁止以號碼代替文字記載事項之規定,系爭本票應屬有效成立。抗告法院未察,以系爭本票之金額僅有號碼記載,而無文字記載,欠缺絕對應記載事項,應為無效云云,自屬可議。

臺灣高等法院 107 年度非抗字第 119 號裁定

抗告人雖主張系爭本票記載之遲延利息,非屬票據法第 28 條第 1 項規定利息之

範圍，應屬無效云云，惟票據法第 28 條第 1 項明定發票人得記載對於票據金額支付利息及其利率，則兩造於系爭本票為遲延利息之約定，由形式上觀之，尚難認不生票據法上之效力。

臺灣新竹地方法院 86 年度簡上字第 167 號判決

上訴人雖以「前祭祀公業吳合興管理人吳錦鍛」之記載而為背書，然觀之該記載，其中「前祭祀公業吳合興管理人」之記載，乃票據法上所不規定之事項，在其書寫時內心究係何效果意思，已非一般人所能知或可得而知，即身為系爭支票後手之被上訴人亦無從得知，依票據行為乃要式行為之原則，並參諸票據乃流通證券、文義證券之特性，自不得僅憑「前祭祀公業吳合興管理人吳錦鍛」之記載，即謂被告係為祭祀公業而背書，遑論被告對於是否確為祭祀公業而背書一節並未舉證以實其說，是上開記載至多僅為表彰背書人之身分、地位，是依票據法第 12 條之規定，該記載不生票據上之效力。

最高法院 109 年度台簡再字第 1 號判決

○○公司依約於系爭支票背面背書交付再審被告而未記載委任取款字樣，且在 105 年 4 月 8 日交付系爭支票予再審被告時所簽應收客票明細表，載明「本表所列票據確係經本人（公司）背書讓與貴行現在及將來所負一切債務之擔保，任由貴行提兌或處分絕無異議」等語，依此文義之記載，系爭支票之權利於交付時已移轉予再審被告，而兩造移轉權利約定之目的，乃在於供再審被告對再審原告之債權擔保，是核系爭背書之性質屬權利轉讓背書，以供擔保目的用。

最高法院 108 年度台簡上字第 15 號判決

票據係文義證券及無因證券，屬不要因行為，票據行為一經成立後，即與其基礎之原因關係各自獨立，而完全不沾染原因關係之色彩，亦即票據原因應自票據行為中抽離，而不影響票據之效力（或稱無色性或抽象性）。此項票據之無因性，為促進票據之流通，應絕對予以維護，初不問其是否為票據直接前、後手間而有不同。故執票人於上開訴訟中，祇須就該票據作成之真實負證明之責，關於票據給付之原因，並不負證明之責任。於此情形，票據債務人仍應就其抗辯之原因事由，先負舉證責任，俾貫徹票據無因性之本質，以維票據之流通。

最高法院 49 年台上字第 1340 號判例

票據為文義證券，凡在票據上簽名者，悉依票據上所載文義負責，不得以票據以外之事由，變更票據之效力。

最高法院 108 年度台上字第 1038 號判決

系爭支票之發票人欄蓋有上訴人之公司章，緊接其旁蓋有其個人章，背面則有其簽名，而其於系爭支票實際簽發之 104 年 4 月間確為上訴人之董事長兼經理人，依系爭支票之文義及全體記載趣旨觀之，依社會觀念，足認系爭支票係由上訴人所簽發，經交付予其個人，再由其背書再予轉讓。

最高法院 72 年度台上字第 1612 號判決

票據法第 13 條但書所謂執票人取得票據出於惡意，係以執票人取得票據時為準，決定其是否惡意，並應由票據債務人就此負舉證責任。

最高法院 78 年度台上字第 2262 號判決

票據法第 14 條第 1 項所謂以惡意或重大過失取得票據者，係指明知或可得而知轉讓票據之人，就該票據無權處分而仍予取得者而言。

最高法院 109 年度台上字第 2165 號判決

票據債務人不得以自己與發票人或執票人之前手間所存抗辯之事由對抗執票人。但執票人取得票據出於惡意者，不在此限；以惡意或有重大過失取得票據者，不得享有票據上之權利；無對價或以不相當之對價取得票據者，不得享有優於其前手之權利，票據法第 13 條、第 14 條分別定有明文。上訴人簽發系爭支票並交予甲公司，甲公司就系爭支票即非無處分權之人，被上訴人直接因甲公司背書轉讓，或因甲公司先後背書轉讓而取得系爭支票，即非從無權處分人之手受讓票據，核與票據法第 14 條第 1 項之規定不符。又執票人有無惡意，應以其取得票據時為決定之標準。

最高法院 109 年度台簡上字第 29 號判決

票據法第 14 條第 2 項所謂不得享有優於其前手之權利，係指前手之權利如有瑕疵（附有人的抗辯），則取得人即應繼受其瑕疵（附有人的抗辯），人的抗辯並不中斷，如前手無權利時，則取得人並不能取得權利而言。原審既認被上訴人係無對價或以不相當之對價取得系爭支票，被上訴人自不得享有優於前手即張中寶之權利，乃又謂上訴人不得以其與張中寶間所存抗辯之事由，對抗被上

訴人，適用法律已有違誤。次查作成拒絕付款證書後，或作成拒絕付款證書期限經過後所為之背書，謂為期限後背書，依票據法第 41 條第 1 項規定，僅有通常債權轉讓之效力，票據債務人得以對抗背書人之事由，轉而對抗被背書人。期限後空白背書交付轉讓票據者，亦屬期限後背書。

最高法院 108 年度台簡上字第 15 號判決
執票人於上開訴訟中，祇須就該票據作成之真實負證明之責，關於票據給付之原因，並不負證明之責任。於此情形，票據債務人仍應就其抗辯之原因事由，先負舉證責任，俾貫徹票據無因性之本質，以維票據之流通性。

最高法院 64 年台上字第 1540 號判例
票據行為，為不要因行為，執票人不負證明關於給付之原因之責任，如票據債務人主張執票人取得票據出於惡意或詐欺時，則應由該債務人負舉證之責。

最高法院 107 年度台上字第 1647 號判決
票據債務人應就其抗辯之原因事由，先負舉證責任，俾貫徹票據無因性及流通性之本質。至執票人在該確認票據債權不存在之訴訟類型，固須依民事訴訟法第 195 條及第 266 條第 3 項之規定，負真實完全及具體化之陳述義務，惟尚不因此而生舉證責任倒置或舉證責任轉換之效果。系爭 4 紙本票為被上訴人簽發後交付上訴人，被上訴人並無因精神障礙之意思表示錯誤，或受上訴人詐欺而簽發之情事，為原審認定之事實。兩造間就系爭 4 紙本票之原因關係既互有爭執，被上訴人為系爭 4 紙本票之票據債務人，就其抗辯之原因事由，依上說明，自應先負舉證責任。原審謂票據債務人否認執票人所稱原因關係，而提起消極確認之訴時，應由執票人就原因關係存在之積極事實舉證證明之，並以上訴人未能舉證證明其係因與被上訴人間之消費借貸契約而收受系爭 4 紙本票，遽認兩造間無簽發系爭 4 紙本票之基礎原因關係存在，已違舉證責任分配之原則。

最高法院 105 年度台上字第 2195 號裁定
縱被上訴人就系爭支票之形式真正，完全自認，因票據無因性，仍難徒憑其該對票據形式真正之自認，即謂上訴人與陳貴興間有借貸之合意及交付借款之事

實。上訴論旨，以原審未依該自認，認定伊已交付陳貴興借款，有判決不備理由之違誤云云，不無誤會。

最高法院 90 年度台上字第 8 號判決

消費借貸為要物契約，因金錢或其他替物之交付而生效力（參見 89 年 5 月 5 日民法債編修正施行前之民法第 475 條）。又支票為文義證券及無因證券，支票上權利係依支票文義而發生，與其基礎之原因關係各自獨立，支票上權利之行使，不以其原因關係存在為前提，尚難因執有支票，即得證明其所主張之原因關係為存在。本件被上訴人主張上訴人之被繼承人於 78 年間向其借用系爭款項之事實，既為上訴人所否認，依舉證責任分配之原則，自應由被上訴人就主張已交付借款之事實，負舉證責任。

最高法院 44 年度台上字第 421 號判例

賭博為法令禁止之行為，其因該行為所生債之關係原無請求權之可言，除有特別情形外，縱使經雙方同意以清償此項債務之方法而變更為負擔其他新債務時，亦屬脫法行為不能因之而取得請求權。

最高法院 51 年台上字第 2343 號判決

票據權利之行使，與票據之占有，在票據法上有不可分之關係，依卷附刑事判決係載系爭由上訴人偽造之支票，應予沒收，是被上訴人既非系爭支票之占有人，自無從按票據之法律關係，請求上訴人履行票據債務。

最高法院 98 年度台抗字第 710 號裁定

宣告證券無效之除權判決，可使聲請人取得持有證券人之同一地位，並有足代聲請人持有證券之效力，該聲請人即與持有證券相同，於此情形，該聲請人自得以除權判決據以聲請強制執行，以替代該本票。

最高法院 50 年台上字第 2683 號判例

發票人應否擔保支票文義之支付，不以發票人在付款人處預先開設戶頭為準，

苟已在支票簽名表示其為發票人，縱未在付款人處預為立戶，仍應擔保支票之支付。

最高法院 69 年台上字第 725 號判例
支票為文義證券，不以發票人與付款人間有付款委託及向付款人領用支票為要件。

最高法院 58 年度台上字第 1599 號判決
按在票據上簽名者，依票上所載文義負責。查付款人之退票理由，雖因金額漏填「元」字為不合，然票面同時記載 21370 之數字相符，且票面中文記載「新台幣 2 萬 1370 正」，對被上訴人之得行使追索權無疑。

最高法院 58 年度台上字第 2304 號判決
本件被上訴人執有上訴人簽發華南商業銀行新興分行為付款人之 56 年 12 月 22 日之支票一紙，其金額欄已經載明「新台幣 2 萬正」等字樣，並用阿拉伯數字表明「NT$20,000」（即新台幣 2 萬元之意），其已備票據法第 125 條第 1 項第 2 款「一定之金額」之記載，殊為明顯，故不但從上訴人之手受支票交付之徐聯銓認為上訴人簽發本件支票之面額為新台幣 2 萬元，即華南商業銀行新興分行之退票理由單上之票面金額亦載明「NT$20,000」等字樣，上訴人以其簽發之本件支票金額欄內僅載「2 萬」而無「圓」字，係欠缺必要記載事項而無效，殊不足採。

最高法院 60 年度台上字第 805 號判決
原審為上訴人敗訴之判決，係以系爭支票 4 紙，雖記載新台幣之數額，而無「元」或「圓」之記載，但「元」或「圓」為新台幣之單位幣值，殊無使人誤以為「角」或「分」之可能，縱其中支票 3 紙金額之記載，文字與號碼之表示不符，亦不影響支票之效力云云存論據。第查票據為要式證券，票據法第 125 條第 1 項第 2 款既明定支票應記載一定之金額，而新台幣之幣值，又有圓、角、分三種，參以退票理由亦載為金額不字不清各情，系爭支票能否謂未欠缺法定要式，而應認為有效，即非無斟酌之餘地。

最高法院 60 年度台上字第 2925 號判決
票據法第 7 條規定：「票據上記載金額之文字與號碼不符時，以文字為準。」此為與民法第 4 條規定不同所在，至於當事人原意如何，要非所問，且依此規

定結果，尚不許當事人提出反證立證以號碼為準，故號碼金額祇應解為非法定應記載事項，雖無記載號碼金額，仍不影響票據之效力。文字金額既定應記載事項，同時又必須有金額之表示，則遇僅記載數字而無「元」或「圓」之記載者，即足影響及於票據之效力。

最高法院 49 年台上字第 2434 號判例

董事（合作社之理事相當於民法及公司法之董事）就法人之一切事務對外代表法人，對於董事代表權所加之限制，不得對抗善意第三人，為民法第 27 條所明定，合作社法既未認合作社有特殊理由，不許理事有對外代表之權，則理事之代表權仍應解為與其他法人相同，不受任何之限制，且理事代表合作社簽名，以載明為合作社代表之旨而簽名為已足，加蓋合作社之圖記並非其要件。

最高法院 41 年台上字第 764 號判例

代理人為本人發行票據，未載明為本人代理之旨而簽名於票據者，應自負票據上之責任，固為票據法第 6 條所明定，惟所謂載明為本人代理之旨，票據法並未就此設有規定方式，故代理人於其代理權限內，以本人名義蓋本人名章，並自行簽名於票據者，縱未載有代理人字樣，而由票據全體記載之趣旨觀之，如依社會觀念，足認有為本人之代理關係存在者，仍難謂非已有為本人代理之旨之載明。

最高法院 69 年度台上字第 3941 號判決

公司之經理人，在執行職務之範圍內，亦為公司之負責人，公司法第 8 條第 2 項定有明文。而公司之負責人代表公司發行票據，縱未載有代表人字樣，而由票據全體記載之旨趣觀之，如依社會觀念足認有為公司之代表關係存在者，仍難謂非已有為公司代表之旨之載。

臺灣新竹地方法院 96 年度簡上字第 25 號判決

觀諸系爭本票發票人欄所為簽名、蓋章，緊鄰發票人欄旁自上而下依序簽署為「○○建設有限公司」、「甲○○」；上開簽署右側所蓋印章，自左而右亦依序為「○○建設有限公司」、「甲○○」，且均係緊接而為；而被上訴人甲○○復為原審被告○○建設有限公司之唯一董事代表人，由系爭本票票據整體記載之形式及旨趣觀之，依一般社會觀念，已足認系爭本票確係被上訴人代表原審被告公司簽發無疑，而不能認被上訴人為系爭本票之共同發票人。

最高法院 108 年度台上字第 1635 號判決

上訴人並以卷內之鄭鴻權警詢筆錄為據，辯稱系爭 7 紙本票確係當日始簽發交付，此乃攸關本票票據上權利之發生時間，屬重要之防禦方法，原審就此恝置不論，即逕為不利上訴人認定，未免速斷。倘系爭 7 紙本票確係鄭鴻權於 101 年 9 月 10 日始簽發交付上訴人，惟倒填發票日為 100 年 1 月 26 日、同年月 28 日、同年 3 月 20 日、同年 6 月 21 日，則在 101 年 9 月 10 日系爭 7 紙本票實際簽發交付前，其發票行為尚未完成，票據上權利於法律上並不存在，遑論行使，即難認其時效業已起算。

最高法院 55 年台上字第 1054 號判例

表見代理云者，即代理人雖無代理權而因有可信其有代理權之正當理由，遂由法律課以授權人責任之謂，而代理僅限於意思表示範圍以內，不得為意思表示以外之行為，故不法行為及事實行為不僅不得成立代理，且亦不得成立表見代理。

最高法院 44 年台上字第 1428 號判例

某甲在某某配銷所之職位僅次於上訴人，上訴人之印章與支票簿常交與某甲保管，簽發支票時係由某甲填寫，即為上訴人所自認，縱令所稱本件支票係由某甲私自簽蓋屬實，然其印章及支票既係併交與該某甲保管使用，自足使第三人信其曾以代理權授與該某甲，撥諸民法第 169 條規定，自應負授權人之責任。

最高法院 68 年台上字第 1081 號判例

民法第 169 條所謂知他人表示為其代理人而不為反對之表示者，以本人實際知其事實為前提，其主張本人知此事實者，應負舉證之責。

最高法院 51 年度民刑庭總會決議

本人將名章交與代理人，而代理人越權將本人之名章蓋於票據者，不能令未有名義之代理人負票據之責任。至於本人應否負責，應依本條以外之其他民事法理解決之（例如有票據法第 14 條，民法第 107 條情形者，應依各該條之規定處理）。

最高法院 51 年台上字第 1326 號判例

票據係文義證券,在票據上簽名者,依票上所載文義,票據法第 10 條第 1 項規定:「無代理權而以代理人名義簽名於票據者,應自負票據上之責任。」即本此義,同條第 2 項所載,越權代理與上述無權代理規定於同一條文,當然仍係指代理人簽署自己之名義者而言,若本人將名章交與代理人,而代理人越權將本人名章蓋於票據者,自無本條之適用。如果未露名之代理人須負票據之責任,必將失去票據之要旨,故票據僅蓋本人名義之圖章者,不能依票據法第 10 條命未露名義之代理人負票據責任。至於本人應否負責,應依本條以外之其他民事法規法則解決之。

最高法院 108 年度台上字第 1038 號判決

票據法第 10 條第 2 項規定:代理人逾越權限時,就其權限外之部分,應自負票據上之責任。係指代理人逾越權限以代理人名義簽名於票據之情形而言。如代理人未載明為本人代理之旨,逕以本人名義簽發票據,即無上開規定之適用。

最高法院 67 年台上字第 1666 號判例

某甲如確係無權代理上訴人在訟爭支票背書,此項無權代理之事由,上訴人本可持以對抗一切執票人,就令執票人之取得支票,並非出於惡意或重大過失,亦不例外。

臺灣高等法院暨所屬法院 94 年法律座談會民事類提案第 16 號

(執票人持僅蓋有獨資商號印章,但未有負責人簽名或蓋章之本票,向法院聲請依票據法第 123 條裁定准予強制執行,若發票時商號負責人為某甲,至聲請本票裁定時,商號負責人已變更為某乙,執票人主張對某乙為本票裁定,法院應否准許?) 按商號為發票行為並於本票發票人欄上為蓋章者,實際上係由商號負責人或其代理人為之,故該商號及負責人為一權利主體,就簽發之本票負發票人責任,若商號之負責人嗣後變更為他人,係為另一權利主體,兩者主體不同,自不應由後一主體負票據責任。故執票人以某乙為相對人聲請本票裁定,法院不應准許。

218

最高法院 51 年度台上字第 1054 號判決

票據為文義證券，其變更金額以外之記載，依票據法施行法第 1 條後段（按已修訂為票據法第 11 條第 2 項）之規定，既應於變更處簽名或蓋章，而此項簽名或蓋章亦為要式行為，除發票人外，如與其他票據義務人有法律上利益關係者，其他票據債務人自應同為簽名或蓋章，否則即可不依變更後之文義負責。

最高法院 70 年台上字第 30 號判例

支票背書人同意發票人更改票載發票年、月、日者，應依其更改日期負責，又背書人同意，亦非以其於更改處簽名或蓋章為必要，此觀票據法第 16 條第 2 項規定之法意，不難明瞭。

司法院 72 年 5 月 2 日第三期司法業務研究會

空白授權票據須於填載完畢時，始可發生效力，如尚未填載完畢，依票據法第 11 條之規定應屬無效。既為無效之票據自不可聲請公示催告。

最高法院 80 年度台上字第 355 號判決

發票人就票據上應記載之事項，固非不得授權執票人自行填寫。然票據法第 11 條第 3 項規定：「票據上之記載，除金額外，得由原記載人於交付前改寫之。但應於改寫處簽名」，本此發票人於票據交付前尚不得自行改寫金額之立法本旨以觀，若發票人以空白票據交付，授權執票人於交付後自行填寫金額，自非法之所許。除不得對抗善意第三人外，執票人不得主張其自行填載之票據為有效，對於發票人行使票據上之權利。

最高法院 82 年度第 1 次民事庭決議

甲所有之車輛靠行於乙之車行，為擔保靠行期間一切應付款項（包括因甲車侵權行為應對第三人所為之賠償）之支付，乃由甲簽發空白本票一紙（除發票人甲之簽名及發票日期外，餘均未記載），連同授權書（上載明乙得按實際債權額代甲填寫票面金額）一紙交付於乙。嗣乙持填寫金額後之上開本票，向甲請求給付票款，該本票是否為有效之票據？於本院 67 年台上字第 3896 號判例，及 70 年 7 月 7 日 70 年度第 18 次民事庭會議決議（一）之見解未變更前，仍照上開判例及決議之意旨辦理。相關判解及其他參考資料：一、本院 67 年台上字第 3896 號判例授權執票人填載票據上應記載之事項，並不限於絕對的應記載事

項，即相對的應記載事項，亦可授權為之。本票應記載到期日而未記載，固不影響其本票效力，但非不可授權執票人填載之。二、本院 70 年 7 月 7 日 70 年度第 18 次民事庭會議決議（一）甲簽發未記載發票日之支票若干張交付丙，既已決定以嗣後每月之 15 日為發票日，囑丙逐月照填一張，以完成發票行為，則甲不過以丙為其填寫發票日之機關，並非授權丙，使其自行決定效果意思，代為票據行為而直接對甲發生效力，自與所謂「空白授權票據」之授權為票據行為不同。嗣丙將上開未填載發票日之支票一張交付乙，轉囑乙照填發票日，乙依囑照填，完成發票行為，乙亦不過依照甲原先決定之意思，輾轉充作填寫發票日之機關，與甲自行填寫發票日完成簽發支票之行為無異，乙執此支票請求甲依票上所載文義負責，甲即不得以支票初未記載發票日而主張無效，此種情形，與票據法第 11 條第 2 項規定，尚無關涉。

最高法院 70 年度台上字第 2468 號判決

上訴人對其發票（支票）或背書行為，亦均承認，雖其發票及背書時，票面僅載日期，而未載年、月，但既授權執票人填寫，李榮輝、林忠吉明知此事，而仍自願背書，則其發票及背書之效力，自於執票人填寫年、月，完成發票行為時完成，與發票人自行填寫無異，上訴人均應負其票據責任。

最高法院 67 年台上字第 1862 號判例

票據法第 14 條所謂以惡意取得票據者，不得享有票據上之權利，係指從無權處分人之手，受讓票據，於受讓當時有惡意之情形而言，如從有正當處分權人之手，受讓票據，係出於惡意時，亦僅生票據法第 13 條但書所規定，票據債務人得以自己與發票人或執票人之前手間所存人的抗辯之事由對抗執票人而已，尚不生執票人不得享有票據上權利之問題。

最高法院 104 年度台簡上字第 12 號判決

票據法第 11 條第 2 項所謂：執票人善意取得已具備本法規定應記載事項之票據者，得依票據文義行使權利」係指執票人取得票據時，該票據業已具備票據法所規定應記載事項者而言。

最高法院 69 年度台上字第 1465 號判決

上訴人既已承認上開支票為伊所簽發，則縱因遺失支票聲請法院公示催告有案，但未經法院為除權判決，上訴人仍不能免除給付票款之責任。又按票據法

第 14 條所謂以惡意或重大過失取得票據者，係指明知或可得而知轉讓票據之人，就該票據無權處分而仍予取得者而言。本件上訴居於發票人之地位，既不能舉證證明被上訴人取得系爭支票為惡意或有重大過失，自仍不能免除發票人應負給付票款之責任。

最高法院 51 年台上字第 2587 號判例

票據法第 14 條所謂以惡意或重大過失取得票據者，不得享有票據上之權利，係指從無處分權人之手，原始取得票據所有權之情形而言。原審既經認定系爭支票係由被上訴人簽發與某甲，而由某甲轉讓與上訴人者，其與上述原始取得之情形顯然有間，從而上訴人取得系爭票據縱使具有惡意，而依同法第 13 條之規定，亦僅被上訴人得以其與某甲間所存抗辯事由對抗上訴人而已，顯不生上訴人不得享有票據上權利之問題。

最高法院 46 年度台上字第 396 號判決

上訴人之取得上開支票，顯係基於不法（賭博贏得）之原因而為惡意取得，被上訴人執此項事由而為上訴人不得享有票據上權利之抗辯，自為票據法第 14 條、第 13 條之所許。

最高法院 64 年台上字第 1540 號判例

票據行為，為不要因行為，執票人不負證明關於給付之原因之責任，如票據債務人主張執票人取得票據出於惡意或詐欺時，則應由該債務人負舉證之責。

最高法院 59 年度台上字第 3774 號判決

按印章由本人或有權使用為常態，上訴人既承認背書印章之真正，則就抗辯被人盜用之變態事實，應負舉證責任。

最高法院 50 年台上字第 1659 號判例

支票為無因證券，僅就支票作成前之債務關係，無庸證明其原因而已。至該支票本身是否真實，即是否為發票人所作成，即應由支票債權人負證明之責，此觀民事訴訟法第 277 條規定之法理至明。

最高法院 51 年台上字第 3309 號判例

盜用他人印章為發票行為，即屬票據之偽造。被盜用印章者，因非其在票據上簽名為發票行為，自不負發票人之責任，此項絕對的抗辯事由，得以對抗一切執票人。

最高法院 53 年度台上字第 1264 號判決

票據法第 16 條所謂票據之變造，指除簽名以外變更票據上所記載之事項而，更改支票發票日，亦屬票據變造之一端。

最高法院 68 年度第 15 次民事庭會議決議（三）

採甲說：依票據法第 125 條第 1 項第 2 款、第 7 款及第 11 條第 1 項規定，支票上之金額及發票年月日為絕對必要記載之事項，欠缺記載，即為無效之票據。既為無效之票據，即非「證券」，自不得依民事訴訟法第 539 條第 1 項之規定聲請為公示催告。

最高法院 70 年台抗字第 110 號判例

再抗告人向臺灣臺北地方法院申報權利，並提出股票後，經該地方法院通知相對人到場，認該股票為其所遺失之物，因相對人之聲請而開始之公示催告程序即已終結，無停止該程序之可言。乃臺灣臺北地方法院在再抗告人申報權利並提出股票後，竟裁定停止公示催告程序，殊屬不合。

最高法院 97 年度台抗字第 483 號裁定

原裁定以：依公示催告之目的，乃在催告不明之相對人申報權利、提出證券，於申報期間屆滿不申報時，失其權利或由法院宣告證券無效之制度。系爭支票經○○公司於民國 96 年 11 月 13 日提示付款遭退票，為再抗告人所自承，且有系爭支票影本附卷可參，則系爭支票持票人既非不明，再抗告人欲否認持票人之權利，自得依一般訴訟程序以為解決，無聲請公示催告必要。因而維持臺灣士林地方法院駁回其公示催告聲請之裁定，駁回其抗告，並無違誤。

最高法院 69 年台抗字第 86 號判例

宣告證券無效之公示催告，為法院依該證券之原持有人因證券被盜、遺失或滅失，聲請以公示方法，催告不明之現在持有該證券之人於一定期間內向法院申報權利。如不申報，使生失權效果之特別程序。現在持有證券之人，欲主張權利，僅須將證券提出於法院，由法院通知聲請人閱覽無訛後，公示催告程序即告終結。

臺灣高等法院臺中分院 98 年度上易字第 413 號判決

法院在除權判決程序中，僅得就是否具備除權判決聲請之要件調查裁判，如申報權利人爭執聲請人所主張之權利，涉及權利之存否，聲請人或申報權利人仍須另行提起民事訴訟請求確定其權利，要非循公示催告程序所得解決（吳明軒著民事訴訟法下冊第 1668 頁參照）。則在公示催告期間內申報權利者，如爭執聲請人所主張之權利，尚且如此；本件上訴人既未於公示催告期間內申報權利，其就系爭支票權利所為之爭執，更非公示催告及除權判決程序所得審酌。

最高法院 53 年台上字第 1080 號民事判例

票據法對於如何計算期間之方法別無規定，仍應適用民法第 119 條、第 120 條第 2 項不算入始日之規定。

最高法院 66 年度第 5 次民庭總會決議

票據法第 136 條第 2 款規定，支票發行滿 1 年時，付款人得不付款，如甲於民國 64 年 9 月 5 日簽發之支票，執票人於民國 65 年 9 月 5 日提示，付款人應否付款，按票據法第 136 條第 2 款既未特別規定其起算日，自當依民法之規定，即 64 年 9 月 6 日起算至 65 年 9 月 5 日最後終止時，為期間之終止，執票人於 65 年 9 月 5 日提示，付款人應予付款。

最高法院 53 年台上字第 1080 號判例

見 Q27。

最高法院 91 年度台上字第 23 號判決

連帶債務人中一人消滅時效已完成者，依民法第 276 條第 2 項規定，該債務人應分擔之部分，他債務人固同免其責任。惟票據前後背書人依票據法第 96 條第 1 項規定對於執票人所負之連帶責任，其背書人間僅生清償後再行使追索權之問題，而無民法連帶債務人間內部分擔、求償或代位之關係，該票據法所稱之「連帶負責」者，係一種不完全連帶責任，殊與民法所定之連帶債務人責任未盡相同，自無民法第 276 條第 2 項規定之適用，是執票人對前背書人之追索權消滅時效如已完成者，後背書人亦無逕行援用該條項規定主張時效利益而免其責任之餘地。

最高法院 96 年度台上字第 2716 號判決

票據法第 22 條第 4 項規定之利得償還請求權，係基於票據時效完成後所生之權利，與票據基礎原因關係所生之權利各自獨立，故執票人於未逾民法第 125 條規定 15 年之期間行使利得償還請求權時，發票人或承兌人不得以原因關係所生權利之請求權消滅時效業已完成為抗辯

最高法院 90 年度台上字第 846 號判決

利得償還請求權係票據法上之一種特別請求權，償還請求權人須為票據上權利消滅時之正當權利人，其票據上之權利，雖因時效消滅致未能受償，惟若能證明發票人因此受有利益，即得於發票人所受利益之限度內請求返還。至其持有之票據縱屬背書不連續，亦僅為形式資格有所欠缺，不能單憑持有此背書不連續之票據以證明其權利而已，償還請求權人倘能另行舉證證明其實質關係存在，應解為仍得享有此權利。

最高法院 88 年度台上字第 3181 號判決

票據上債權因時效或手續欠缺而消滅，執票人固得依票據法第 22 條第 4 項規定對於發票人或承兌人，於其所受利益之限度請求償還。惟所稱之利益，係指發票人或承兌人於原因關係或資金關係上所受之利益（代價）而言。執票人對發票人、承兌人實際上是否受有利益及所受利益若干，應負舉證責任。

最高法院 49 年台上字第 1730 號判例

租金之請求權因 5 年間不行使而消滅,既為民法第 126 條所明定,至於終止租約後之賠償與其他無租賃契約關係之賠償,名稱雖與租金異,然實質上仍為使用土地之代價,債權人應同樣按時收取,不因其契約終止或未成立而謂其時效之計算應有不同。

最高法院 110 年度台上字第 1358 號判決

票據債務原則上係由票據債務人委託銀錢業者為付款,故支票之執票人行使票據上權利,除票據法第 22 條第 4 項所規定之利益償還請求權外,原則上執票人係以提示方式向付款人為之,此項提示,應視為執票人行使請求權之意思通知,具有中斷時效之效力。

最高法院 70 年度台上字第 950 號判決

支票執票人對前手之追索權,4 個月間不行使,因時效而消滅,為票據法第 22 條第 2 項所明定,此項時效期間,較民法第 130 條規定 6 個月內起訴之期間為短者,在新時效期間內,若另無中斷時效之事由發生,則俟時效期間經過後,請求權仍因時效而消滅。本件上訴人就系爭支票為付款之提示,遭退票後,雖曾於 69 年 1 月 6 日以存證信函向被上訴人催告,請求給付票款,然其既未於新時效 4 個月之期間內起訴,而遲至 69 年 7 月 5 日始行提起本件訴訟,顯已逾新時效 4 個月之期間,且另無中斷時效之事由發生,被上訴人復以上訴人之追索權因時效經過而消滅為抗辯,則上訴人對本件票款之請求權自因而消滅。

最高法院 71 年度台上字第 2139 號判決

票據上之簽名,不限於簽全名,僅簽其姓或名者,亦生簽名之效力,故陳連樓及被上訴人為背書時,僅簽其「姓」即「陳」及「楊」,不得謂為無效。

最高法院 64 年度第 5 次民庭庭推總會決議

所謂簽名,法律上並未規定必須其全名,且修正前票據法第 6 條更規定,票據上之簽名得以畫押代之,僅簽姓或名,較畫押慎重,足見票據上之簽名,不

限於簽全名，如僅簽姓或名者，亦生簽名之效力。至於所簽之姓或名，是否確係該人所簽，發生爭執者，應屬舉證責任問題（依台北市銀行商業公會 64、2、27、會業字第○一三八號復函，實務上關於票據上之簽名，雖非簽全名，而能證明確係出於本人之意思表示者，仍承認其效力）。

最高法院 65 年台上字第 1550 號判例

凡在票據背面或黏單上簽名，而形式上合於背書之規定者，即應負票據法上背書人之責任，縱令非以背書轉讓之意思而背書，因其內心效果意思，非一般人所能知或可得而知，為維護票據之流通性，仍不得解免其背書人之責任。

前司法行政部民事司台（65）民司函字第 0977 號函

公司或其他法人之發票行為，如僅記載其名稱而押蓋其印章，則仍不足以表示其行為為有效，必其代表人簽名蓋章，並載明代表公司或其他法人之旨方為有效。某甲非公司之代表人，應負發票人之責任，公司名稱之記載，不過用以表示其服務處所或送達處所，公司不負共同發票人之責任。」。最高法院 54 年台上字第 899 號判決：「票據為要式證券，票據法第 125 條第 1 項既明定支票應由發票人簽名，所謂簽名，自係指簽署自然人之姓名，或法人之名稱，或非法人之商號等而言。系爭支票僅蓋用「理事主席之印」6 字戳記，既未記載理事主席之姓名，亦未記載被上訴人沙崙農場之名稱，從外表來觀察，並不能辨別孰為發票人，以法自難謂為有效。

最高法院 70 年度第 13 次民事庭會議決議（二）

商號名稱（不問商號是否法人組織）既足以表彰營業之主體，則在票據背面加蓋商號印章者，即足生背書之效力，殊不以另經商號負責人簽名蓋章為必要。除商號能證明該印章係出於偽刻或被盜用者外，要不能遽認未經商號負責人簽名或蓋章之背書為無效。

最高法院 109 年度台上字第 3214 號判決

票據法上之背書依其目的不同，可分為票據權利轉讓背書與委任取款背書。支票之權利轉讓背書，依票據法第 144 條準用同法第 31 條規定，只須在票據背面或其黏單上簽名即可，並無一定之位置，亦無須特別表明權利讓與之意；而執

票人以委任取款之目的而為背書時，依同法第 144 條準用第 40 條第 1 項規定，應於支票上記載委任取款之旨。又票據為文義證券，票據上之權利義務，固應遵守票據之文義性，基於外觀與客觀解釋原則，悉依票據記載文字以為決定，不得以票據以外之具體、個別情事，加以變更或補充。惟依該客觀解釋原則，解釋票據上載文字之意義，仍須斟酌一般社會通念、日常情理、交易習慣與誠信原則，並兼顧助長票據流通、保護交易安全，就票據所載文字內涵為合理之觀察，始不失其票據文義性之真諦。

臺灣新竹地方法院 95 年度簡上字第 104 號判決

金融機構為防止爭端，對委任取款背書有甚為嚴格之定：(1) 需該票據為禁止轉讓背書者。(2) 須有委任取款之文義載於票據背面。(3) 為其提出交換之金融機構並須加以證明係存入受任人之帳號。此由中央銀行業務局 74.8.22 台央業字第 1145 號函釋可知，且為銀行同業所共同遵行之作業方式。再按財政部金融局 87.11.2 台融局（一）字第 87754780 號函釋：「如持票人於金融機構無帳戶時，得以委任取款背書方式委託在金融業設有帳戶之人代為取款」即票據存入代為取款之受託人帳戶，然真正之執票人並非該受託人。

最高法院 68 年台上字第 3779 號判例

在票據上記載禁止背書轉讓者，必由為此記載之債務人簽名或蓋章，始生禁止背書轉讓之效力，此就票據法第 30 條第 2 項及第 3 項各規定觀之甚明（依同法第 144 條規定，各該項規定準用於支票），未經簽名或蓋章者，不知其係何人為禁止背書轉讓之記載，亦與票據為文義證券之意義不符。本件支票背面雖有「禁止背書轉讓」之記載，但卻未經為此記載者簽名或蓋章，尚難謂可生禁止背書轉讓之效力。支票為文義證券（形式證券），不允債務人以其他立證方法變更或補充其文義。」

財政部 64 年 1 月 30 日台財錢第 11020 號函

……發票人禁止轉讓之記載，應於票面或票背任何部位，並於其緊接處加蓋原留印鑑。

前司法行政部台（49）函參字第 9 號解釋

一、發票人所作禁止轉讓之記載，於票面、票背均可，惟應於是項文義緊接處 MM 簽蓋有效全部原留印鑑並記載年月日，如無另行記載日期應視為與發票日

相同。……

最高法院 75 年度第 9 次民事庭會議決議
本院 68 年台上字第 3779 號判例要旨，並未分別就在票據上記載禁止背書轉讓者，係在票據正面記載或在票據背面記載，而為不同之論斷，是該項判例之意旨，自應認為不問在票據正面或背面為禁止背書轉讓之記載，均須由為此記載之票據債務人於其記載下簽名或蓋章，始生禁止背書轉讓之效力。

最高法院 77 年度第 11 次民事庭會議決議
本院 75 年 5 月 20 日 75 年度第 9 次民事庭會議所為不問在票據正面或背面為禁止背書轉讓之記載，均須由為此記載之票據債務人於其記載下簽名或蓋章，始生禁止背書轉讓之效力之決議，係針對票據法上之支票而為。如依公庫法簽發之支票，付款人為公庫，不在該決議適用之範圍。

最高法院 77 年度第 23 次民事庭會議決議
票據正面記載禁止背書，該記載如依社會觀念足認由發票人於發票時為之者，亦發生禁止背書轉讓之效力。本院 68 年台上字第 3779 號判例未明示發票人在票面記載禁止背書轉讓時應行簽章始生效力。本院 75 年 5 月 20 日決定係指依社會觀念無從由發票人為之者而言，原決定應予補充。

台北市銀行商業同業公會 65 年 4 月 12 日會業字第 417 號函
支票存款（甲存）戶簽發支票，發票人簽章處所加註「本票據禁止背書轉讓」字樣，與發票人公司全銜，職稱連體刊刻，其蓋章顯然具有「發票」及「禁止背書轉讓」雙重意思表示在內，可視同發人所作禁止背書轉讓之記載處理…… 」，惟此見解未為法院所採，嗣中華民國銀行商業同業公會聯合會 77 年 10 月 27 日全會法字第 1845 號函請司法院釋示略謂：「在票據上為禁止背書轉讓之記載，如係以與發票人之印文連體刊刻或印刷體之方式為之，並足資認定係發票人所為時，可否毋須緊接該記載另行簽章…… 」始獲最高法院補充修正原見解。

民法第 299 條第 1 項
債務人於受通知時，所得對抗讓與人之事由，皆得以之對抗受讓人。

最高法院 87 年度台簡上字第 30 號判決
票據為無因及流通證券，且票據關係原則上與其原因關係分離，故票據之轉讓，除當事人間有特別約定者外，讓與人殊無將其取得之原因關係債權，一併讓與受讓人之可言，此就票據法第 13 條規定觀之自明。支票為票據之一種，原

判決謂發票人為禁止背書轉讓記載之記名支票，其轉讓係讓與持票人前手與發票人間原因關係之債權云云，固不無適用法規顯有錯誤之違法。然記名支票，經發票人為禁止轉讓之記載者，依票據法第 144 條準用第 30 條第 2 項規定，該支票即不得再依票據讓與之方式為轉讓，違反此項禁止之規定者，其轉讓行為不生票據法上之效力；惟此種支票仍不失為民法上金錢債權之性質，故得依民法規定一般債權讓與方式而轉讓之，但僅能生民法上通常債權讓與之效力，其受讓人所取得者為民法上之金錢債權，而非票據上之權利，自不得依票據法之規定對於為禁止轉讓之發票人行使票據上之權利。

Q36

臺灣彰化法院研討結論

記名支票發票人為「禁止轉讓」之記載後，於禁止轉讓四字上劃「＝」之記號者（即塗銷原記載），該禁止轉讓之記載，是否失效？臺灣彰化地方法院曾經研討，有三種不同意見，結論採丙說，其內容略謂：「票據法固無塗銷禁止轉讓之規定，然亦未明定禁止塗銷。且發票人於記載禁止轉讓後，將之塗銷，與其於簽發支票時未記載禁止轉讓之情形相同，似無禁止其塗銷之必要。惟為使法律關係單純化及助長票據之流通，應使第三人易於辨識塗銷係何人所為，較為允當。易言之，發票人須於塗銷應簽名或蓋章，始生塗銷之效力，本題發票人係在禁止轉讓四字上劃「＝」記號即可生塗銷之效力，則惡意之執票人亦可於禁止轉讓四字上劃「＝」記號而使審判滋生困擾！」臺灣高等法院參酌最高法院 68 年台上字第 3779 號判例及 69 年台上字第 608、3379 號判決所示，採同說，嗣司法院第 1 廳 74 年 9 月 9 日廳民一字第 717 號函復臺灣高等法院，亦採同說，略謂：「票據法雖無塗銷禁止轉讓記載之規定，然亦未明文禁止塗銷，且票據為文義證券，只需發票人或記載禁止轉讓之背書人於其塗銷處簽名或蓋章，應即發生塗銷之效力（參照票據法第 11 條第 3 項）。倘塗銷欠缺簽名或蓋章，因無法辨認為何人所為，有悖文義證券之特性，並有礙票據之流通及交易之安全，則應認塗銷不生效力……」

最高法院 96 年度台上字第 959 號判決

票據法雖無塗銷禁止轉讓記載之規定，然亦未明文禁止塗銷，票據正面記載禁止背書或塗銷禁止背書，該記載如依社會觀念足認係由發票人於發票時為之者，自生禁止背書轉讓或塗銷禁止背書轉讓之效力。另按票據交換作業處理程序第 13 條第 1 項規定提示票據有下列情事之一者，付款之金融業者應填具退票

理由單辦理退票：第 14 款記名票據禁止背書轉讓經轉讓。第 18 款更改處未經發票人照原留印鑑簽章。換言之，如有上述情形，金融業者不得提出交換或付款，應辦理退票。系爭支票正面下方有記載禁止背書轉讓，禁止背書轉讓記載上有一條橫線從中劃過，並蓋有發票人小章一枚，此為兩造所不爭。該「禁止背書轉讓」之記載，既被劃線塗銷，並蓋有上訴人當時負責人」之印文，則有關系爭票據上之權利義務，應遵守票據文義性之規定，並基於「外觀解釋原則」與「客觀解釋原則」，悉依票據記載之文字以為決定，且解釋票據上所載文字之意義，仍須斟酌一般社會通念、日常情理、交易習慣與誠信原則，並兼顧助長票據流通、保護交易安全，暨票據「有效解釋原則」之目的。而不得以票據以外之具體、個別情事資為判斷資料，加以變更或補充。系爭支票發票人既然將「禁止背書轉讓」文句劃掉，並於其塗銷處蓋章，參照上揭說明，應發生塗銷之效力。

前司法行政部台（49）函參字第 9 號解釋

二、背書人所作禁止轉讓，如不記載於票背者，該項記載無效，背書人於票背所作禁止轉讓之記載，應於文義緊接處簽蓋背書所用相同印鑑並記載年月日，如無另行記載日期，應以前背書人之背書日期為其記載日期，無前背書日期則視為與發票日同。

財政部 49 年 3 月台財錢發字第 1282 號令

（二）背書人之禁止轉讓，乃屬背書範圍，如其禁止轉讓不記載於票背者，似應認為該項記載無效。

臺灣臺北地方法院 93 年度簡上字第 678 號判決

票據為文義證券，祇須發票人或記載禁止轉讓之背書人於其塗銷處簽名或蓋章，應即發生塗銷之效力。系爭支票上「禁止背書轉讓」之記載，業經上訴人之董事長甲○○，刪除並蓋董事長之印章於其上，雖在塗銷之處欠缺上訴人之公司章，惟甲○○其以上訴人之負責人簽發系爭支票，綜觀其於票據上之表意，足認係以上訴人之負責人為上揭塗銷，已足以辨認係何人所為，並無悖於文義證券之特性，亦無礙票據之流通及交易之安全，應認其塗銷「禁止背書轉讓」之記載，已生效力。

最高法院 65 年台上字第 1550 號判例

在票據背面或黏單上簽名，而形式上合於背書之規定者，即應負票據法上背書人之責任，縱令非以背書轉讓之意思而背書，因其內心效果意思，非一般人所能知或可得而知，為維護票據之流通性，仍不得解免其背書人之責任。

最高法院 102 年度台簡上字第 17 號判決

支票之背書，依票據法第 144 條準用同法第 31 條第 1 項規定，僅記載於支票背面或其黏單上即可，並無一定之位置。又凡在票據背面或黏單上簽名，而形式上合於背書之規定者，即應負票據法上背書人之責任，縱令非以背書轉讓之意思而背書，因其內心效果意思，非一般人所能知或可得而知，為維護票據之流通性，仍不得解免其背書人之責任。至於支票執票人以委任取款為目的所為之背書，僅係授與被背書人收取票款之代理權，並不發生票據權利移轉之效果，票據權利人仍屬背書人所有。

最高法院 51 年度第 4 次民刑庭總會決議（六）

甲出立本票與乙，受款人欄記明乙之姓名，但乙為謀債權鞏固，囑甲商由丙背書與丁，復由丁作空白背書，然後交還乙。嗣甲不能付款，由於乙對丙未有背書，就整張票據論，背書不連續，故乙對丙丁不能行使追索權。

最高法院 57 年度第 2 次民刑庭總會會議決議（六）

設付款行庫或信用合作社，遇有顧客提抬頭支票，其背書圖章內之名稱與抬頭（受款人）名稱相符，支票背書內加註「請領租金專用」等文字，固非票據法第 36 條所稱之背書附記條件，惟依同法第 12 條之規定，應認係票據法規定以外之記載，僅該項文字不生票據法上之效力，抬頭人既已簽章背書，即應負責，其背書文字（即背書人之名稱）仍具有背書之效力。」嗣於 66 年 11 月 15 日 66 年度第 9 次民事庭補充決議：「如果支票背面所蓋圖章本身剖明專用於某種用途（例如收件之章）之字樣而與票據之權利義務毫無開係者，則所蓋該項圖章，難認同法第 6 條所規定為票據行為而代替票據上簽名之蓋章，即無同法第 12 條之適用。

臺灣高等法院暨所屬法院 96 年法律座談會民事類提案第 12 號提案

在票據上背書，應以簽名或蓋章為之，雖為要式行為，惟簽名、蓋章之方式為何，並無一定，或必須要用何種之章蓋之，方能符合背書之要式行為：祇要能表達背書人背書之意旨、得資識別係背書人所蓋之章，即應發生背書之效力。如題旨型式之印文，表明背書之意旨，且得觀出背書人為「乙股份有限公司」，形式上即已符合票據法上之背書。

最高法院 70 年度台上字第 2645 號判決

期後背書，亦具有權利移轉之效力，背書人享有之支票上權利，均移轉於被背書人，此與通常之背書相同，所不同者乃期後背書之被背書人（或執票人）所取得之票據上權利，不受票據抗辯之切斷之保護，因此票據債務人固得以對抗背書人之事由，對抗被背書人（或執票人），但非謂該被背書人（或執票人）之取得票據即係當然出於惡意。

最高法院 109 年度台簡上字第 29 號判決

作成拒絕付款證書後，或作成拒絕付款證書期限經過後所為之背書，謂為期限後背書，依票據法第 41 條第 1 項規定，僅有通常債權轉讓之效力，票據債務人得以對抗背書人之事由，轉而對抗被背書人。期限後空白背書交付轉讓票據者，亦屬期限後背書。

最高法院 51 年度台上字第 3526 號判決

票據為文義證券，票據上之權利義務，應依記載於票據之文字而決定其效力，不許票據債務人提出他項證據以推翻票據之記載。本件被上訴人雖稱囑託上訴人取款而為背書，然查其所為背書，並未依票據法第 40 條第 1 項規定，記載於支票上，能否依證人黃某等之證言，而認係委託取款背書，以否認上訴人票據上之權利，非無疑義。

最高法院 58 年度台上字第 348 號判決

原審認定賴某前此就系爭支票請求上訴人給付票款，係由被上訴人之委任取款而為，但詳核券附支票，被上訴人之背書並未附記委任取款之旨，即已發生票據轉讓之效力，賴某因此而獨立取得系爭支票，但賴某經券附另案判決認定明

應該支票已遭退票仍予收受，係屬惡意取得，不能享有票據上權利，已告確定，則被上訴人能否再取得票據上之權利，似尚有待審認。

最高法院 52 年度台上字第 2354 號判決

執票人以委任取款之目的而為背書時，應於支票上記載之，為票據法第 144 條、第 40 條第 1 項所明定，本件經上訴人背書之支票，並未載有委任被上訴人取款之文句，僅有簽名及蓋章，上訴人以委任取款為抗辯，自應由上訴人負舉證之責任。

澎湖地方法院 53 年 11 月司法座談會

法律問題：某甲簽發遠期支票 1 紙交付某乙後，以暫時借閱為詞，向執票人乙騙回支票，隨即將該支票劃 × 作廢然後交還執票人，問某甲應負何項刑責？

研究結果：某甲將簽付某乙之支票騙回，劃 × 作廢後交還某乙，其塗銷票面記載依票據法第 17 條規定不影響於票據上之效力，依同法第 13 條規定推論某乙向某甲行使追索權，某甲亦不得以劃 × 之事由對抗某乙，某甲既無利可圖難認有詐欺之故意，惟支票經劃 × 後，事實上即難流通使用，應構成刑法第 354 條之毀損罪。

最高法院 43 年台上字第 83 號判例

公司法第 23 條（按已修正為第 16 條第 1 項）除外之規定，係以依其他法律或公司章程規定以保證為業務者為要件。被上訴人既無依其他法律或公司章程規定以保證為業務之情形，殊無因票據法第 55 條（按已修訂為第 58 條）第 2 項，有不問何人均可為保證之規定，而排斥其適用之餘地。

最高法院 49 年度台上字第 555 號判決

按發票年月日為支票上應記載事項之一，如未記載發票年月日，或記載有所欠缺者，則其支票既不能認為有效……而背書為票據之附屬行為，以票據之形式具備為其生效要件，系爭支票既欠缺記載發票年月日而為無效，則被上訴人於此項支票上為背書，自亦不生背書之效力，殊無由其背負背書人義務人可言。

最高法院 50 年台上字第 1372 號判例

背書為票據轉讓方法之一種，上訴人於系爭支票背面簽名蓋章，既經標明連帶保證字樣，是否係依背書而轉讓系爭支票與被上訴人，已屬不無疑義。況匯票關於保證之規定，對於支票不在準用之例，票據上記載法所未規定之事項者，僅不生票據上之效力，而非絕對不生通常法律上之效力，惟所生通常法律效力之關係如何，在審理事實之法院，仍應調查認定，方足資為判斷。

司法院 72 年 5 月 25 日（72）廳民一字第 320 號函

依最高法院 53 年台上字第 1930 號判例及同院 53 年 6 月 8 日民刑庭總會決議：背書人空白背書支票於簽名或蓋章上加寫保證人或連帶保證人字樣，依票據法第 12 條規定票據上記載本法所不規定之事項，不生票據上效力，同法第 144 條關於保證之規定既不準用於支票，則此項保證人某等之背書僅生背書之效力，民法之保證責任自不存在。公司董事長既有代表公司之權限，其於支票背面蓋公司印章，並簽自己之名，即係以公司名義為背書，公司應負支票背書人責任。連帶保證人字樣視為無記載。

最高法院 53 年台上字第 1930 號判例

票據上記載本法所不規定之事項，不生票據上之效力，為票據法第 12 條所明定，而依同法第 144 條關於保證之規定，既不準用於支票，則此項於支票上加「連帶保證人」之背書，僅生背書效力。

司法院第一廳 73 年 5 月 11 日（73）廳民一字第 0368 號函

本票發票人得於付款人外，記載一人為擔當付款人，本票上載有擔當付款人者，其付款之提示應向擔當付款人為之，票據法第 124 條、第 26 條第 1 項、第 69 條第 2 項定有明文。本票持票人不向擔當付款人提示請求付款，而逕向發票人為之，自與法律規定不合，為維護本票之信用，避免當事人詐偽，應認不生於提示期限內合法提示之效力。

最高法院 76 年度台上字第 587 號判決

被上訴人背書後，再因上訴人等人之背書而取得系爭支票，則為回頭背書，依票據法第 144 條、第 99 條第 2 項規定，被上訴人對該上訴人亦無追索權。

最高法院 85 年度台上字第 1398 號判決

票據為文義證券（形式證券），不允債務人以其他立證方法變更或補充其文義。本件系爭支票為訴外人仲乙公司簽發後交付被上訴人，被上訴人背書後交付訴外人甲，甲以空白背書交付仲乙公司，仲乙司再交付上訴人以抵付買賣價款，為原審確定之事實，則甲交付系爭支票予仲乙公司時，既僅於支票上為空白背書而未記載仲乙公司為被背書人，自非回頭背書。

最高法院 77 年度第 7 次民事庭會議決議（三）

採丑說：票據為文義證券（形式證券），不允債務人以其他立證方法變更或補充其文義。乙僅於支票上為空白背書，既未記載發票人甲為被背書人，即難謂係回頭背書，故執票人丙對於背書人乙自得行使追索（60 年度台上字第 2949 號及 67 年度台上字第 3500 號判決）。

司法院 73 年 7 月 3 日（73）廳民一字第 0500 號函

採乙說，對發票人並不喪失追索權：(1) 發票人是本票之主債務人，且絕對的負擔票據金額支付之義務，故執票人怠於行使保全票據上之權利時，發票人之債務原則並不因之而消滅。(2) 票據法第 22 條有關本票時效之規定，第 1 項係對本票發票人付款請求權消滅時效之規定，而第 2 項則係執票人對其前手行使票據上追索權消滅時效之規定，故第 1 項之請求權曰「票據上之權利」，以與第 2 項之「追索權」相區別。足見「前手」係指發票人以外之其他票據債務人當無足置疑，是票據法第 104 所謂前手當然不包括本票之發票人。(3) 目前實務上見解認為票據法第 104 條所稱前手並不包括匯票承兌人在內（最高法院 66 年台上字第 670 號判決參照），而本票之發票人與匯票之承兌人均同屬票據之主債務人，依同一法理，該條所謂前手自不包括本票之發票人。

最高法院 95 年度台簡上字第 26 號判決

票據上權利之行使與票據之占有，在票據法上有不可分離之關係，故執票人喪失票據時，在未回復其占有之前，除有票據法第 16 條規定之情形，得為公示催告之聲請，並於公示催告程序開始後，得提供擔保請求票據金額之支付外，祇得依同法第 15 條為止付之通知，不得對於票據債務人行使票據上之權利，提起請求支付票據金額之訴。從而，持票人聲請法院為許可強制執行裁定時，法院自應確實審核聲請人是否持有本票原本，以為准駁之依據。

最高法院 69 年度台抗字第 344 號裁定

本票執票人向發票人行使追索權，於依照票據法第 123 條聲請法院裁定強制執行後，雖非不得將本票債權轉讓他人，但受讓人不得再以同一本票聲法院裁定強制執行，否則就同一債權即有兩個執行名義存在，顯非法之所許。

最高法院 98 年度第 3 次民事庭會議決議（一）

執行名義成立後，債權人將債權讓與於第三人，該第三人為強制執行法第 4 條之 2 第 1 項第 1 款所稱之繼受人，雖得以原執行名義聲請強制執行，惟民法第 297 條第 1 項既明定債權之讓與，非經讓與人或受讓人通知債務人，對於債務人不生效力，則債權受讓人於該項讓與對債務人生效前，自不得對債務人為強制執行。是債權受讓人依強制執行法第 4 條之 2 規定，本於執行名義繼受人身分聲請強制執行者，除應依同法第 6 條規定提出執行名義之證明文件外，對於其為適格之執行債權人及該債權讓與已對債務人發生效力等合於實施強制執行之要件，亦應提出證明，併供執行法院審查。

臺灣高等法院暨所屬法院 103 年法律座談會民執類提案第 1 號

審查意見：執行法院應予審查。蓋本票權利讓與人於取得本票裁定後，復將票據權利移轉予受讓人，執行法院應審查該本票之背書形式上有無連續，以確認是否為強制執行法第 4 條之 2 第 2 項執行名義主觀效力所及之債權人。如背書不連續，不得謂該受讓人已取得票據權利而為適格之債權人。

最高法院 64 年台抗字第 224 號判例

本票執行事件，依非訟事件法第 100 條之規定，應由票據付款地之法院管轄，本票未載付款地及發票地，依票據法第 120 條第 5 項、第 4 項，以發票人之營

業所、住所或居所所在地為付款地。本件本票之共同發票人有 8 人，其營業所、住居所所在地之地方法院俱有管轄權，原裁定法院所在地，既屬付款地之一，又係受理在先之法院，依非訟事件法第 3 條第 1 項之規定，原裁定法院就再抗告人部分自屬有管轄權。

最高法院 67 年度第 6 次民事庭庭推總會議決議（二）
支票發票人票據債務之成立，應以發票人交付支票於受款人完成發票行為之時日為準，至支票所載發票日期，僅係行使票據債權之限制（參照票據法第 128 條第 2 項），不能認係票據債務成立之時期。

司法院第一廳 72 年 1 月 29 日（72）廳民三字第 0078 號函
票據法第 123 條所定執票人就本票聲請法院裁定強制執行事件，係屬非訟事件，故法院於為准駁之裁定時，僅能依該法條之規定，就形式上審查聲請人是否為本票執票人，能否行使追索權，相對人是否為本票發票人等項而決定之。至於相對人是否為本票發票人之繼承人已否拋棄繼承等項，則屬確定實體上法律關係之問題，殊非於非訟事件所得審究。

最高法院 92 年度台抗字第 241 號裁定
按執票人向本票發票人行使追索權時，得聲請法院裁定後強制執行，票據法第 123 條定有明文。是聲請法院裁定本票強制執行，僅得對發票人為之，對本票發票人以外之人，即不得援用該法條之規定，對之聲請裁定執行。發票人死亡後，執票人僅得依訴訟程序而為請求，尚不得依上開票據法規定，聲請對發票人之繼承人或遺產管理人裁定執行。

臺灣高等法院 90 年 8 月 90 年庭長法律問題研討會
研究意見：多數採乙說（肯定說）該項約定既載明係遲延利息，本票裁定係非訟事件，僅能自其形式觀之，不能為實體之探究，故應受其約定之拘束，應予准許。（臺灣高等法院 89 年度抗字第 60 號裁定、90 年度抗字第 2394 號裁定）。

司法院 81 年 2 月 27 日（81）廳民一字第 02696 號函
法院就執票人依票據法第 123 條規定聲請准予本票強制執行之裁定，應審查執

票人對發票人是否行使追索權，未載到期日之本票亦須提示後始得向發票人行使追索權。本件甲提出乙簽發未載到期日之本票聲請法院裁定准予強制執行，聲請狀上未記載提示日期，法院自應先調查其有無提示，如未提示，與上開規定不合，以裁定駁回聲請，如已提示，則以提示日為到期日計算法定遲延利息。研討結果採新增之丁說，尚無不合。

司法院第一廳 72 年 1 月 29 日（72）廳民三字第 0078 號函

票據法第 123 條所定執票人就本票聲請法院裁定強制執行事件，係屬非訟事件，故法院於為准駁之裁定時，僅能依該法條之規定，就形式上審查聲請人是否為本票執票人，能否行使追索權，相對人是否為本票發票人等項而決定之。至於相對人是否為本票發票人之繼承人已否拋棄繼承等項，則屬確定實體上法律關係之問題，殊非於非訟事件所得審究。

司法院 89 年 12 月 11 日司法業務研究會第 49 期研究專輯第 1 則

採乙說（肯定說）。（一）依強制執行法第 30 條之一準用民事訴訟法第 491 條第 1 項規定，對於裁定之抗告，除法律別有規定者外，無停止執行之效力，本票裁定或拍賣抵押物之裁定，均別無抗告得停止執行之特別規定，故以之為執行名義時，自無庸裁定確定。（二）對於許可執行之裁定提出抗告，依強制執行法第 18 條第 2 項之規定，僅構成裁定停止之事由，抗告人應向抗告法院聲請停止執行之裁定，並繳交擔保金後，始得停止執行，亦足徵對於本票裁定（或拍賣抵押物裁定）之抗告，並不影響其執行力。（三）債權人如以未本票之本票裁定聲請強制執行無效果時，依向來實務見解認為法院可予核發債權憑證（司法院 81 年 8 月 21 日（八一）廳民二字第 13793 號函復臺灣高等法院研究意見），故本票裁定不必確定即具執行力。

最高法院 57 年台抗字第 76 號判例

本票執票人，依票據法第 123 條規定，聲請法院裁定許可對發票人強制執行，係屬非訟事件，此項聲請之裁定，及抗告法院之裁定，僅依非訟事件程序，以審查強制執行許可與否，並無確定實體上法律關係存否之效力，如發票人就票據債務之存否有爭執時，應由發票人提起確認之訴，以資解決。

臺灣高等法院 103 年度非抗字第 54 號裁定

非訟事件法第 195 條規定之解釋,應認須於執票人已開啟強制執行程序後,為兼顧保護發票人權益,故許於法定期間內業已提起前揭確認本票債權不存在之訴之發票人,在本案訴訟確定前,無庸提供擔保,即得暫免受繼續強制執行之不利益。此觀諸非訟事件法第 195 條第 2 項明定:發票人證明已依前項規定提起訴訟時,「執行法院」應停止強制執行之文意自明。若不論執票人是否已開啟強制執行程序,只要發票人於法定期間以本票係偽造、變造為由提起確認本票債權不存在之訴,即無庸提供任何擔保,在本案訴訟確定前,令執票人不得依本票裁定聲請強制執行,無異許可發票人僅憑一己之意思,阻止本票裁定之執行力,且無法防止發票人濫行訴訟脫產,此將架空票據法第 123 條規定加強本票獲償性,助長本票流通之立法目的,更與立法者兼顧發票人及執票人雙方權益之法意相違。

最高法院 64 年度第 3 次民庭庭推總會議決議

非訟事件法第 101 條第 1 項所定之 20 日期間,如逾期未起訴者,僅無同條第 2 項規定之適用。(同乙說)

臺灣高等法院暨所屬法院 86 年 11 月法律座談會決議

按有回復原狀之聲請,或提起再審或異議之訴,或對和解為繼續審判之請求,或提起宣告調解無效之訴,撤銷調解之訴,或對於許可強制執行之裁定提起抗告時,法院因必要情形或依聲請定相當並確實之擔保,得為停止強制執行之裁定,修正後強制執行法第 18 條第 2 項定有明文。查本票裁定聲請強制執行事件,原屬非訟事件,法院僅為形式上審查,即為准否強制執行之裁定;至本票債權是否存在,乃屬實體認定問題。當事人對之如有爭執,唯有另行提起確認本票債權不存在訴訟,以資解決。85 年 10 月 9 日修正強制執行法後,對於本票准許可強制執行提起抗告時,執行法院暨得為停止執行之裁定,則訴請確認本票債權不存在訴訟,自無予以排除之理,參照司法院大法官會議第 182 號解釋之意旨,及舉輕以明重之法則,自得依聲請,為停止強制執行之裁定,較合立法之意旨。

最高法院 93 年度台上字第 2329 號判決

消滅時效,因請求而中斷,民法第 129 條第 1 項第 1 款亦有明定。此之「請求」,係指債權人於訴訟外,向債務人表示行使債權之意思。請求無需何種方

式。本票執票人聲請裁定本票強制執行之行為，雖非起訴，而屬非訟事件，惟係經由法院向本票債務人表示行使本票債權之意思，自屬民法第 129 條第 1 項第 1 款之「請求」而發生中斷時效之效果。

最高法院 51 年台上字第 3500 號判例

民法第 129 條第 1 項第 1 款所稱之請求，並無需何種之方式，祇債權人對債務人發表請求履行債務之意思即為已足。又訴之撤回，祇係原告於起訴後，表示不求法院判決之意思，故訴經撤回者，仍不妨認請求權人於提出訴狀於法院，並經送達之時，對義務人已為履行之請求，使其得於法定期內另行起訴，而保持中斷時效之效力。

臺灣高等法院暨所屬法院 102 年法律座談會民執類提案第 6 號

本票執票人向法院聲請裁定許可對發票人強制執行，屬非訟事件，係經由法院向本票債務人表示行使本票債權之意思，自屬民法第 129 條第 1 項第 1 款規定所稱之「請求」，應於該裁定送達於債務人時發生中斷時效之效果。惟自 98 年 3 月 7 日發票日至法院 101 年 4 月 1 日裁定時已逾 3 年，甲對乙之票款請求權已罹於消滅時效。

最高法院 57 年台抗字第 76 號判例

見 Q63。

最高法院 67 年台上字第 434 號判例

本票執票人，依票據法第 123 條規定，聲請法院裁定許可對發票人強制執行，係屬非訟事件，此項聲請之裁定，及抗告法院之裁定，僅依非訟事件程序，以審查強制執行許可與否，並無確定實體上法律關係存否之效力，如發票人就票據債務之存否有爭執時，應由發票人提起確認之訴，以資解決。

最高法院 65 年度第 1 次民庭庭推總會議決議

民事訴訟法第 529 條第 1 項規定曰「起訴」，自係指依訴訟程序，提起訴訟，以確定其私權之存在，而取得給付之確定判決而言，應不包括其他。故債權人依票據法第 123 條向法院聲請裁定而強制執行之情形，自不包括在內（同甲說）。

臺灣高等法院暨所屬法院 90 年法律座談會民事類提案第 1 號

時效因請求而中斷，若於請求後 6 個月內不起訴，視為不中斷，為民法第 130

條所明定。債權人依票據法第 123 條向法院聲請裁定准予強制執行，為非訟事件，屬於訴訟外之請求。

最高法院 29 年渝上字第 1195 號判例

民法第 144 條第 1 項規定時效完成後，債務人得拒絕給付，是消滅時效完成之效力，不過發生拒絕給付之抗辯權，並非使請求權當然消滅，債務人若不行使其抗辯權，法院自不得以消滅時效業已完成，即認請求權已歸消滅。

最高法院 86 年度台簡上字第 77 號裁定

系爭本票正面所載「出票人乙○○不得與指定人甲○○之妻○○不軌行為，如有在（再）來往本票立即生效否則此本票永遠作廢不得兌現」文義，屬於附停止條件之記載，違背票據應無條件支付之本質。

臺灣高等法院暨所屬法院 109 年法律座談會民事類提案第 9 號決議

按最高法院 72 年度台上字第 2019 號判決、86 年度台簡上字第 77 號裁定、100年度台簡上字第 9 號裁定，及臺灣高等法院暨所屬法院 85 年法律座談會民事類提案第 18 號、92 年法律座談會民事類第 18 號，均認本票記載抵觸票據應「無條件支付」本質之文字，才歸於無效。然本題僅於票據正面增列系爭註記（本票作為雲林縣○○大樓建案之擔保用）等文字，並未對票據之流通方式為任何限制，即未違反票據法第 120 條第 1 項第 4 款「無條件擔任支付」之規定，應認系爭本票有效，丙以該系爭票據聲請強制執行，法院應予准許。

最高法院 100 年度台簡字第 9 號裁定

「無條件擔任支付」係本票絕對應記載事項之一，而欠缺票據法所規定票據上絕對應記載事項之一者，其票據無效，票據法第 120 條第 1 項第 4 款、第 11 條第 1 項規定甚明。故本票上倘記載與「無條件擔任支付」性質牴觸之文字，即與未記載絕對應記載事項「無條件擔任支付」無殊，自屬無效。系爭本票背面註記「不得提示或兌現，僅提供保證，欠款金額由餐廳盈餘償還」，該文字與

本票應記載「無條件擔任支付」之性質牴觸，即屬未記載「無條件擔任支付」，系爭本票自因而無效。

臺灣高等法院 103 年度非抗字第 94 號裁定

本票既已記載「憑票准於＿月＿日支付或其指定人 300 萬元」，自未附以條件，至下方「若由玉山銀行開立之 2 張支票兌現，則此本票自然作廢」之附記，其文義在表明如本票原因債務經另 2 紙支票兌現清償，則原因關係消滅，仍非附以條件。

臺灣高等法院暨所屬法院 109 年法律座談會民事類提案第 10 號決議

記載（若借款擔保之支票於 108 年 1 月 1 日兌現，則此本票作廢）等文字，其後乙屆期未返還借款，上開支票亦未獲兌現。該記載僅在表明如系爭本票原因關係債務經以另紙支票兌現清償，系爭本票之原因關係消滅，甲不得執系爭本票對乙主張，並非對系爭本票擔任支付附以條件，應屬記載票據法上所不規定之事項，依票據法第 12 條規定，該段記載不生票據法上之效力，甲應得請求給付票款（臺灣高等法院 103 年度非抗字第 94 號裁定意旨參照）。

臺灣高等法院 105 年度上易字第 1559 號判決

按執票人就本票聲請法院裁定事件，屬非訟事件，法官僅據執票人之聲請為形式上審查無訛，即將本票內容登載於裁定書上准予強制執行，無須為實質上審查，以判斷本票內容之真偽，故以偽造之本票聲請法院裁定准予強制執行，如足生損害於公眾或他人，即符刑法第 214 條之使公務員登載不實罪（最高法院 85 年度台上字第 3936 號判決意旨參照）。關於虛捏債權簽發本票之情形，實務上見解一貫認定若債權不存在，即使本票無偽造變造，仍然構成使公務員登載不實（最高法院 89 年度台非字第 388 號判決、本院 104 年度上易字第 687 號判決、本院 106 年度上易字第 930 號、第 1351 號判決）。

臺灣高等法院 101 年度上易字第 2878 號判決

本票本身既係有權製作人授權簽發，形式上真正，則其原因關係雖有不實，惟法院係依該形式上真正之本票內容，據以裁定，就法院裁定之內容而言，既與本票形式上內容相合，自無登載不實可言，公訴意旨認梁敬建持該原因關係不存在之本票聲請法院裁定准予強制執行，涉犯刑法第 214 條之使公務員登載不實罪嫌，顯有未洽。

最高法院 60 年台上字第 1548 號判例

票據法上之支票，其付款人以銀錢業者或信用合作社為限，公庫支票之付款人為公庫，並非一般之銀錢業者或信用合作社，是系爭公庫支票顯非票據法上之支票，而僅為指示證券之一種。

最高法院 61 年度第 1 次民庭庭推總會議決議

票據法上之支票，其付款人以銀錢業者或信用合作社為限，本件支票之付款人為公庫，並非一般之銀錢業者或信用合作社，是公庫支票顯非票據法上之支票，而僅為指示證券之一種。

最高法院 52 年台上字第 1195 號判例

拒絕付款證書，乃證明執票人已依法為票據權利之行使或保全之要式證書，其目的係在免除執票人舉證之煩，及票據債務人無受詐欺之弊而已。本件支票，既經付款人於正反兩面分別加蓋拒絕往來戶戳記，並另行製作退票理由單，記明其事由及其年、月、日並加蓋印章，顯足以證明執票人已行使或保全其票據上之權利，而毋須另行舉證，亦足以杜防票據債務人遭受詐害，為保護債權人之權利計，自應視為與作成拒絕證書有同一之效力。

最高法院 88 年度台上字第 1377 號判決

扣押物，因防其喪失或毀損，應為適當之處置。不便保管之扣押物，得命適當之人保管，刑事訴訟法第 140 條第 1 項、第 2 項定有明文。檢察官扣押票據交付保管，保管人依公法上關係占有票據，雖非票據之受讓人，惟本其保管人之權責，亦應依上開法條第 1 項規定為防止票據權利喪失之行為。故系爭支票經檢察官扣押後交付被上訴人保管，被上訴人本其保管人之地位，自得為防止票據權利喪失之行為，提示系爭支票行使追索權。

最高法院 71 年度第 8 次民事庭會議決議

支票之性質為提示證券,依票據法第 130 條規定,支票之執票人應於該條所定期限內為付款之提示。同法第 131 條第 1 項亦規定:「執票人於第一百三十條所定提示期限內,為付款之提示而被拒絕時,得對前手行使追索權⋯⋯ 」,均明示其應為付款之提示,及為付款之提示而被拒絕時,始得對前手行使追索權。再依票據法第 144 條準用同法第 95 條規定:「匯票上雖有免除作成拒絕證書之記載,執票人仍應於所定期限內為承兌或付款之提示⋯⋯ 」尤明定支票應為付款之提示。同法第 133 條復規定:「執票人向支票債務人行使追索權時,得請求自為付款提示日起之利息⋯⋯ 」亦明示利息之起算日為付款提示日,如不為付款之提示,利息之起算,亦無所據。又發票人簽發支票交付受款人(執票人),實含有請其向銀錢業者兌領款項之意,而受款人受領支票自亦含有願向該銀錢業者提示付款之默示存在,從而其不為付款之提示,自係違背提示付款之義務,依誠信原則,當不得逕向發票人請求給付票款。

司法院第一廳 73 年 8 月 28 日(73)廳民一字第 0672 號函

按依票據法第 144 條準用同法第 85 條第 1 項規定,支票不獲付款時,執票人於行使或保全支票上權利之行為後,始能對票據債務人行使追索權,此與一般債務於履行期屆至時,由債務人直接履行債務之情形不同,在行使追索權要件未成立前,縱使支票於法定提示期限內提示有不獲付款之虞,執票人亦不得對於前手提起將來給付票款之訴。

最高法院 70 年度台上字第 2604 號判決

發票人與付款人在法律上地位不同,除有特殊情形(例如票據法第 125 條第 4 項指定自己為付款人)外,人格各別,發票人依票據法第 126 條規定,固應照支票文義擔保支票之支付,而付款人在委託付款期間內,得依發票人之指示付款,但尚難據此即謂付款人代發票人受領執票人(或票據權利人)對發票人其他有關票據權利行使之意思表示或意思通知之權利。從而執票人如於支票提示期限內遭付款人拒絕付款或於提示期限屆滿後,欲對發票人行使權利,自應向發票人為之(此時執票人如對付款人為付款提示,付款人依票據法第 136 條規定僅得付款而已,亦得不付款),本件上訴人就系爭支票四紙,均係在支票提示期限後,始向付款人提示而遭拒絕,其提示行為雖可解為權利之行使,但既

非向發票人為給付之請求，自難認有中斷對發票人請求權消滅時效之效力。至上訴人在第一審雖提出桃園地方法院簡便行文表謂已申報權利但依該文內容記載，上訴人係 69 年 4 月 16 日向該院申報權利；但該公示催告事件，被上訴人已於 68 年 11 月 9 日撤回在案，顯不發生申報權利之效果，況申報權利，未必即在積極行使請求權，亦非民法第 129 條所定中斷消滅時效之事由。

財政部 61 年 3 月 22 日台財錢第 12256 號函

查票據法對於本票發票人與擔當付款人間之權利義務未予規定，蓋因發票人委託他人為擔當付款人係票據外之委任關係。至已逾提示期限之本票，如依照原委任之內容，規定擔當付款人不應再予付款者則該問題自不應發生。查本票發票人委託銀行為擔當付款人，付款責任仍屬發票人，是以撤銷付款委託對第三人利益實質上並無損失，且擔當付款人對於執票人亦無責任可言，故本票發票人對已逾提示期限之本票，縱於委託銀行為擔當付款人時並未規定不得再行付款，亦得向為擔當付款人之銀行申請撤銷付款之委託。

最高法院 69 年度台上字第 3965 號判決

本票發票人之責任，與匯票之承兌人同，票據法第 120 條定有明文，故對本票負有付款之義務。縱令擔當付款人未為付款，發票人對其簽發之本票，仍應付款。

司法院 82 年 7 月 23 日（82）廳民一字第 13700 號函

保付支票本身仍屬有價證券之一種，雖依票據掛失止付處理準則第 7 條規定，不得掛失止付，惟僅遺失持有人無從提出掛失止付通知書以為釋明方法而已，非謂其不得以其他方法釋明遺失之事實以聲請公示催告按票據喪失時，票據權利人得為公示催告之聲請，票據法第 19 條第 1 項定有明文。又上開規定票據法並未就保付支票另設排除適用之條文，觀乎同法第 138 條第 4 項規定甚明。

司法院 82 年 7 月 23 日（82）廳民一字第 13700 號函

保付支票本身仍屬有價證券之一種，雖依票據掛失止付處理準則第 7 條規定，不得掛失止付，惟僅遺第 9 條保付支票存戶或執票人如因事實需要，以支票申請保付時，應先填具保付支票申請書，加蓋印鑑，經貴行核對無誤後，即由失持有人無從提出掛失止付通知書以為釋明方法而已，非謂其不得以其他方法釋明遺失之事實以聲請公示催告。

2021 年 5 月 1 日臺灣土地銀行支票存款約定書第 9 條

存戶或執票人如因事實需要，以支票申請保付時，應先填具保付支票申請書，加蓋印鑑，經貴行核對無誤後，即由存戶帳內照數付出，並於支票上註明「保付」或其他同義字樣及日期，由有權簽章人員簽章後，貴行負擔支票金額之付款責任。存戶並應注意票據法第 138 條第 4 項規定。

最高法院 67 年度第 6 次民事庭會議決議

支票發票人票據債務之成立，應以發票人交付支票於受款人完成發票行為之時日為準，至支票所載發票日期，僅係行使票據權之限制（參照票據法第 128 條第 2 項），不能認係票據債務成立之時期。

司法院第一廳 70 年 9 月 4 日（70）廳民一字第 0649 號函

研究意見：支票票據債務之成立，應以發票人交付支票於受款人完成發票行為之時日為準，至支票所載發票日期，僅係行使票據權之限制，不能認係票據債務成立之時期，本件某乙就已成立票據債務之支票背書，縱發票人某甲於票載日期前死亡，仍應負票據上背書責任。

臺灣高等法院暨所屬法院 87 年 11 月法律座談會結論

乙之支票存款既已被列為拒絕往來戶，則其與銀行間之委任關係應已終止，其支票屆期必無從兌現，雖未到期，應認「顯有到期不履行之虞」，故甲提起將來給付之訴，應具備受判決之法律上利益。採乙說。

司法院 34 年第 2830 號解釋

票據上記載本法所不規定之事項者，不生票據上之效力。此在票據法第9條（現行法第12條）訂有明文。票據法封於支票，固於第134條（現行法第139條）設有關於劃平行線之規定，對於其他票據，則無此種規定，故在其他票據劃平行線二道或於線內並記載銀行公司或特定銀錢業者之商號者，不能發生如同條所定票據上之效力。

司法院 72 年 5 月 2 日司法業務研究會第 3 期

關於平行線支票之撤銷，原規定於票據法施行法第 10 條，民國 62 年 5 月 28 日修正時，納入票據法，規定於第 139 條第 5 項，其條文規定：「畫平行線之支票，得由發票人於平行線內記載照付現款或同義字樣，由發票人簽名或蓋章於其旁，支票上有此記載者，視為平行線之撤銷。」依法條編排體例觀之，該項係規定於平行線支票之後，並未將特別平行線之支票除外，自包括特別平行線之支票在內，發票人仍得將該平行線撤銷，研討結論採乙說。核無不合。

最高法院 95 年度台上字第 2223 號判決

支票執票人為行使取款權利，於支票上記載委任取款意旨後，即得以背書方式委託他人為之，並無其他限制，此時執票人僅授與被背書人收取票款之代理權，並非轉讓票據之所有權，不生票據上權利移轉之效力，此觀票據法第 144 條準用第 40 條第 1 項規定自明。是以，禁止背書轉讓之記名支票，依法固不得轉讓其權利，惟仍得以委任取款背書方式，委託他人代為取款。又在支票正面劃平行線者，依票據法第 139 條第 3 項規定，持票人如非金融業者，則須將支票存入其在金融業者之帳戶委託取款。若劃平行線支票無禁止委任取款背書之約定，執票人即仍得於支票上載明委任取款意旨以背書為之，由受託人即被背書人將支票存入其在金融業者之帳戶委託取款。準此，於禁止背書轉讓劃平行線之記名支票為委任取款時，付款人於審查受款人已為背書及於支票上載明委託取款之意旨，即得付款予受託人，並於付款後免除其責任。

臺灣高等法院 93 年度上更（一）字第 197 號判決

依票據法第 144 條準用同法第 30 條第 2 項及第 139 條第 3 項規定，記載受款人名稱並禁止背書轉讓且劃有平行線之支票，應於受款人之帳戶提示付款，不得背書轉讓。然依中央銀行業務局（73）台央業字第 1800 號函釋示，劃橫線並註明「禁止背書轉讓」之票據，受款人在金融業未設立帳戶，得以委任取款之方式委託在金融業設有帳戶之人代為取款。此種禁止背書轉讓之票據，如委任背書取款，須符合下列條件：①受款人在金融業未設立帳戶；②受款人與受任領款人均於票據背書簽名，並經提示之金融業者簽章證明；③應由受款人於票據背面記載「委託受任人取款」等委託文句。次依中央銀行業務局（74）台央業字第 1145 號函內容為：經註明「禁止背書轉讓」之劃平行線支票，受款人在金融業因無往來帳戶而委託在金融業有往來之存戶代收者，依上開函示，受款人除應於票據背面書明票面金額委託受任領款人代為取款之文字及親自簽章外，受任領款人亦應親自簽章。並應於提示行簽章證明存入受任領款人帳戶無誤後，付款人始得付款。

最高法院 71 年度台上字第 3761 號判決

票據法第 143 條前段規定：付款人於發票人之存款或信用契約所約定之數，足敷支付支票金額時，應負支付之責。支票執票人依此規定，對付款人固有直接請求權，如果支票付款人違反此項規定而拒絕付款者，則應負給付遲延之責。惟支票付款人所負上開債務，尚非票據債務，此為本院最近所採見解。故支票付款人所負債務是否發生，端以票據法第 143 條所定要件是否具備，以為斷。並非專依票載文義而當然發生。

高等法院 98 年度上易字第 1240 號判決

支票發票人簽發一定之金額，委託銀錢業者或信用合作社，於見票時無條件支付與受款人或執票人，其性質為民法第 269 條第 1 項向第三人為給付之契約，支票之受款人或執票人係委託付款契約之第三人，但亦係依該項契約關係而為付款之請求，付款人無故拒絕付款，自僅負債務不履行之責任，尚不能謂係對於支票執票人一種侵權行為（最高法院 65 年台上字第 2164 號判例）。

最高法院 67 年度第 2 次民事庭庭推總會議決議

一、支票執票人依票據法第 143 條前段之規定，對付款人有直接請求權，請求其依票載文義為支付。二、支票付款人違反票據法第 143 條前段之規定而拒絕

付款者，應負給付遲延之責。三、支票付款人依票據法第 143 條前段規定所負之債務，非票據債務，其因違反該項規定拒絕付款成為給付遲延所負之損害賠償債務，亦應適用民法第 125 條所定 15 年之消滅時效。

最高法院 95 年度台上字第 3326 號判決

販賣者係與知情而完成支票簽發持以行使之買受者，相互利用其一部行為，以完成其犯罪目的，對於買受者持以行使所犯詐欺取財罪，自具有犯意聯絡及行為分擔，應成立共同正犯。原判決於事實欄二認定已判決確定之甲於申領得銀行之空白支票後，交由上訴人組成之販售人頭支票集團，持以販賣給不特定之人，將支票其他應記載事項填載後，持向不特定人供為擔保或週轉調現，使之陷於錯誤而交付財物。原判決對於上訴人與接續完成支票簽發用以詐財之購買「人頭支票」者，應未論以共同正犯。

最高法院 111 年度台上字第 180 號判決

共同正犯之成立，只須具有犯意之聯絡與行為之分擔，既不問犯罪動機起於何人，亦不必每一階段犯行，均經參與，且意思之聯絡不限於事前有協議，即僅於行為當時有共同犯意之聯絡者，亦屬之，其表示之方法，亦不以明示通謀為必要，即相互間有默示之合致，亦無不可。而共同實行犯罪行為之人，在合同意思範圍以內，各自分擔犯罪行為之一部，相互利用他人之行為，以達其犯罪目的者，即應對全部所發生之結果，共同負責，是共同正犯在犯意聯絡範圍內之行為，應同負全部責任。且共同正犯之意思聯絡，原不以數人間直接發生者為限，即有間接之聯絡者，亦包括在內。縱共同正犯彼此間無直接之聯絡，或相不認識，甚而從未見面，亦無礙於其為共同正犯之成立。

司法院司法業務研究會第 3 期有關票據法研究第 19 則結論

按所謂不得享有票據上權利之人，係指無處分權之人（如竊取人或拾得人）及由該無處分權人以惡意或重大過失取得票據之第三人而言。又所謂票據權利應受限制之人，係指票據法第 14 條第 2 項規定之無對價或以不相當之對價取得票

據者而言。票據法施行細則第 4 條既明文規定為「原票據權利人」而不曰「票據權利人」，當然係指若不喪失票據則得行使該票據權利之執票人而言。被竊人或遺失人之原權利，依票據法第 14 條規定之反面解釋，自得請求此等不得享有票據上權利之人或票據權利應受限制之人返還票據。發票人簽發票據後，尚未交付他人前，票據尚在其執有中，亦屬所謂原票據權利人，自得聲請法院裁定假處分。

最高法院 97 年度台抗字第 533 號裁定

票據有票據法施行細則第 4 條所定不得享有票據上權利或票據權利應受限制之人獲得之情形時，原票據權利人固得依假處分程序聲請法院為禁止占有票據之人向付款人請求付款之處分，惟票據關係之當事人間對於有爭執之法律關係，為防止發生重大之損害或避免急迫之危險或有其他相類之情形而有必要時，仍得依民事訴訟法第 538 條第 1 項之規定為定暫時狀態處分之聲請，無須以具備票據法施行細則第 4 條所定聲請要件為限。

最高法院 98 年度台抗字第 539 號裁定

按於爭執之法律關係，為防止發生重大之損害或避免急迫之危險或有其他相類之情形而有必要時，得聲請為定暫時狀態之處分。前項裁定，以其本案訴訟能確定該爭執之法律關係者為限。民事訴訟法第 538 條第 1、2 項定有明文。依上開規定，所謂有爭執之法律關係，無論財產上或身分上之法律關係均屬之，其為財產上之法律關係者，亦不以金錢請求以外之法律關係為限；又繼續性之法律關係固無論，即令非屬繼續性之法律關係，祇要為防止發生重大之損害，或避免急迫之危險或有其他相類之情形而有必要，且得以本案訴訟確定時，即得聲請為該項處分。

最高法院 65 年度第 1 次民庭庭推總會議決議（一）

民事訴訟法第 529 條第 1 項規定日「起訴」，自係指訴訟程序，提起訴訟，以確定其私權存在，而取得給付之確定判決而言，應不包括其他。故債權人依票據法第 123 條向法院聲請裁定而強制執行之情形，自不包括在內。

最高法院 53 年台抗字第 279 號判例

因釋明假扣押之原因而供之擔保，係擔保債務人因假扣押所應受之損害，故必待無損害發生，或債權人本案勝訴確定，或就所生之損害已經賠償時，始得謂供擔保之原因消滅，至於債權人依本案宣告附條件假執行之判決，供法院所定之擔保，係擔保被告因假執行所受之損害，二者性質不同，不得謂債權人（原告）供假執行之擔保後，其因聲請假扣押所供擔保之原因消滅。

最高法院 98 年度台抗字第 434 號裁定

法院依民事訴訟法第 96 條第 1 項所定：「原告於中華民國無住所、事務所及營業所者，法院應依被告聲請，以裁定命原告供訴訟費用之擔保」，倘該裁定嗣經廢棄並駁回被告之聲請確定，則原告供擔保之依據已不存在，自應認應供擔保之原因已消滅。

最高法院 111 年度台抗字第 306 號裁定

民事訴訟法第 104 條第 1 項第 3 款，所謂受擔保利益人行使權利，係指其於催告期間內向法院起訴或為與起訴相同效果之訴訟行為（如聲請調解或聲請發支付命令）而言，不包括受擔保利益人僅以言詞或郵局存證信函催告請求，或供擔保人已向法院聲請返還提存物後始為請求之情形。

最高法院 91 年度台抗字第 360 號裁定

受擔保利益人雖在民事訴訟法第 104 條第 1 項第 2 款所定催告期間內行使權利，但其行使權利之金額不及供擔保之金額者，則超過該金額部分應解為受擔保利益人仍未行使權利。

最高法院 90 年度台抗字第 282 號裁定

訴訟終結後，受擔保利益人雖逾民事訴訟法第 106 條準用同法第 104 條第 1 項第 2 款規定之 20 日以上之期間始行使其權利，惟其行使權利如係在供擔保人向法院為返還提存物之聲請之前者，仍與在前開期間內行使權利有同一之效力，非謂一逾該期間即生失權之效果。

最高法院 81 年台抗字第 412 號判例

給付之訴原含有確認之意義在內，從而給付訴訟既應適用簡易訴訟程序，依舉重以明輕之原則，確認訴訟自亦應適用簡易訴訟程序。故民事訴訟法第 427 條第 2 項第 6 款所定：「本於票據有所請求而涉訟者」，應包括確認票據債權存在或不存在之訴訟在內。

臺灣高等法院暨所屬法院 100 年法律座談會民事類提案第 32 號

民事訴訟法第 427 條第 2 項第 6 款所定：「本於票據有所請求而涉訟者」，應包括確認票據債權存在或不存在之訴訟在內，最高法院 81 年台抗字第 412 號著有判例可參。而同法第 13 條規定：「本於票據有所請求而涉訟者，得由票據付款地之法院管轄。」關於「本於票據有所請求而涉訟者」之規定，與同法第 427 條第 2 項第 6 款之規定完全相同，故同法第 13 條有關管轄之規定，亦應為相同之解釋。是以乙簽發之本票，其上既未記載付款地或發票地，依票據法第 120 條第 4 項、第 5 項之規定，應以發票人即乙住所地（臺中市太平區）為付款地，臺灣臺中地方法院就該訴訟自有管轄權。

最高法院 97 年度台簡抗字第 18 號裁定

對於簡易訴訟程序之第二審裁判，其上訴利益逾第 466 條所定之額數者，當事人僅得以其適用法規顯有錯誤為理由，逕向最高法院提起上訴或抗告，且須經原裁判法院之許可，而該項許可，以訴訟事件所涉及之法律見解具有原則上之重要性為限，此觀民事訴訟法第 436 條之 2 第 1 項及第 436 條之 3 第 1 項、第 2 項規定自明。所謂適用法規顯有錯誤，係指原第二審判決之內容就其取捨證據所確定之事實適用法規顯有錯誤而言，不包括判決不備理由或漏未斟酌證據，及認定事實錯誤之情形在內。

法務部 104 年 1 月 29 日法律決字第 10300716620 號函

債權人執憑強制執行法第 4 條第 1 項各款執行名義之一，向相關機關查詢債務人之個人資料，限於強制執行程序進行中，並應提出法院命債權人查報之相關證明，方得向相關機關提出申請查詢債務人之財產狀況等資料。

強制執行法第 71 條

拍賣物無人應買時，執行法院應作價交債權人承受，債權人不願承受或依法不能承受者，應由執行法院撤銷查封，將拍賣物返還債務人。但拍賣物顯有賣得價金之可能者，準用前條第五項之規定。

強制執行法第 91 條第 1 項

拍賣之不動產無人應買或應買人所出之最高價未達拍賣最低價額，而到場之債權人於拍賣期日終結前聲明願承受者，執行法院應依該次拍賣所定之最低價額，將不動產交債權人承受，並發給權利移轉證書。其無人承受或依法不得承受者，由執行法院定期再行拍賣。

強制執行法第 103 條

已查封之不動產，執行法院得因債權人之聲請或依職權命付強制管理。

強制執行法第 115 條第 1 項

就債務人對於第三人之金錢債權為執行時，執行法院應發扣押命令禁止債務人收取或為其他處分，並禁止第三人向債務人清償。

強制執行法第 32 條

他債權人參與分配者，應於標的物拍賣、變賣終結或依法交債權人承受之日一日前，其不經拍賣或變賣者，應於當次分配表作成之日一日前，以書狀聲明之。逾前項期間聲明參與分配者，僅得就前項債權人受償餘額而受清償；如尚應就債務人其他財產執行時，其債權額與前項債權餘額，除有優先權者外，應按其數額平均受償。

金融業者參加電子票據交換規約第 2 條至第 15 條規定

第二條（用詞定義）

本規約所用名詞定義如下：

一、電子票據：指以電子方式製成之票據，包括電子支票、電子本票及電子匯票。

二、實體票據：指以書面製成之票據，包括支票、本票及匯票。

三、數位簽章：指將電子文件以數學演算法或其他方式運算為一定長度之數位資料，以簽署人之私密金鑰對其加密，形成電子簽章，並得以公開金鑰加以驗證者。

四、電子憑證：指載有簽章驗證資料，用以確認簽署人身分、資格之電子形式證明。

五、身分識別碼：指存放於電子憑證上之憑證機構代號及憑證號碼，或該憑證上之使用者識別碼，用以辨識使用者之身分、資格。

六、帳戶識別碼：指支票存款戶之開戶基本資料，予以雜湊運算並以私密金鑰對其加密所得到之值。

七、委託付款識別碼：指發票人依往來金融業者之規定，以身分識別碼或帳戶識別碼，作為委託金融業者付款之依據。

八、集中登錄保管：指發票人簽發電子票據，經付款行驗符其委託付款識別碼後，由付款行傳送台灣票據交換所（以下簡稱本所）保管，該票據之背書轉讓、融資、取消融資、存入託收、撤票、撤銷付款委託、取消撤銷付款委託、退回、作廢、贖回、提示交換、退票交換及受司法或行政機關所發之執行命令等各項登錄，均由本所處理。

九、電子票據共用系統（以下簡稱共用系統）：指本所為使依第三條第一項第二款規定申請參加電子票據交換業務金融業者之存戶，得以指定帳號（應含金融業者代號）之方式收受電子票據，並由受款行提出交換而建置之作業系統。該系統之作業方式分為連線及非連線二種。

十、電子票據存入託收：指將電子票據存入往來金融業者，委託其為付款之提示。

十一、電子票據融資：指電子票據執票人以電子票據，向其往來金融業者辦理借款之謂。

十二、電子票據撤票：指電子票據執票人申請撤銷存入託收之謂。

十三、電子票據作廢：指電子票據執票人申請放棄該電子票據權利之謂。

十四、電子票據退回：指電子票據執票人申請將該電子票據退回前手之謂。

十五、電子票據附加檔案：指電子票據之發票人於簽發票據時，所附加有關該票據相關訊息之檔案。

十六、電子票據退票理由單：指以電子方式製成之退票理由單。

十七、電子票據贖回：指電子票據退票後，發票人因清償票款或其他理由經受款人退回或經執票人背書轉讓成為被背書人時，本所即視該票據已贖回，發票人不得就該票據再申辦各項登錄。

十八、使用電子票據：指電子票據之發票人或執票人依本規約第十八條至第二十六條之規定，所進行之各項行為。

第三條（參加電子票據交換之申請手續）

凡經主管機關核准辦理支票存款業務之金融業者，申請參加電子票據交換，應以開辦電子票據業務與否，分別完成下列手續，本所始同意其參加交換：

一、開辦電子票據業務者，應經電子票據業務交換安全控制審查小組檢核該金融業者之軟硬體、檔案資料及連線維護作業等安控機制均已完成，經測試合格，並將其電子憑證資料留存本所。

二、未開辦電子票據業務而以加入本所共用系統方式，參加電子票據交換之金融業者，經本所測試合格後，將其共用系統專用之電子憑證資料及私密金鑰留存本所。

依前項第一款申請參加電子票據交換者，應與申請使用電子票據之存款戶，簽署「電子票據往來約定書」。但依前項第二款申請參加交換者不在此限。

第一項電子票據業務交換安全控制審查小組之成員，由本所人員、學者專家及開辦電子票據業務之金融業者指派代表九至十三人組成，並由本所之代表擔任召集人。

第四條（票信管理）

電子票據之退票紀錄，與實體票據退票紀錄合併計算。其退票註記方式、票信資料管理，與實體票據同。

第二章　電子憑證

第五條（憑證之限定）

存款戶使用電子票據所需電子憑證，應向開辦電子票據業務之金融業者辦理註

冊，並以該金融業者為憑證註冊銀行，與其約定使用於電子票據。

前項電子憑證應以中華民國銀行商業同業公會全國聯合會所評選之金融最高層憑證機構下屬之用戶憑證機構所核發者為限。

第六條（憑證註冊、登記）

開辦電子票據業務之金融業者受理存款戶申請使用電子票據時，應核對存款戶之身分證件，檢視其有無使用電子票據所需之電子憑證，據以辦理電子憑證之登記或註冊作業。辦理電子憑證登記作業之金融業者，即為登記銀行。

前項憑證及帳戶相關資料，金融業者應傳送本所建檔，未經建檔者，不得用於電子票據業務。

第七條（憑證申請及異動事由之建檔）

電子憑證之申請、暫時停用、恢復使用、更新及廢止等事由，應由憑證註冊銀行即時將資料傳送本所建檔，並於建檔完成時生效。

前項事由如因可歸責於憑證註冊銀行未即時傳送本所建檔致生損害時，應由憑證註冊銀行負損害賠償責任。

第八條（憑證廢止後之再申請）

存款戶廢止其電子憑證後，如需申請與原電子憑證使用者識別碼相同之憑證時，應至原憑證註冊銀行辦理。該銀行應檢核新憑證之申請人與原憑證之身分相符後，始得同意申請人選取與原電子憑證相同之使用者識別碼。

第九條（電子票據終止使用之程序）

已簽署「電子票據往來約定書」之存款戶終止使用電子票據時，應向其往來金融業者申請辦理，該金融業者應即將該訊息傳送本所建檔。但於本所建檔前已完成之各項登錄，仍為有效。

第十條（電子票據終止使用憑證之效力）

存款戶依前條規定終止使用電子票據後，其電子憑證效力如下：

一、由電子憑證註冊銀行將終止使用電子票據之訊息傳送本所建檔者，其憑證即喪失使用電子票據之效力，但若於註冊銀行以同一張電子憑證尚簽有其他電子票據往來約定書而有其他電子票據帳戶時，該憑證對於尚未終止之其他電子票據帳戶仍有使用之效力。

二、由電子憑證註冊銀行以外之登記銀行將終止使用電子票據之訊息傳送本所建檔者，其電子憑證僅於該終止之電子票據帳戶喪失使用之效力。

第三章 　核發及簽發電子票據

第十一條（空白票據之核發）
金融業者核定支票存款戶可使用空白電子票據之起迄號碼後，應將空白票據存置於金融業者端。但支票存款戶經本所通報拒絕往來者，該金融業者應即將已核定尚未簽發之空白票據取消。

前項票據指劃平行線支票、委託金融業者付款之匯票及委託金融業者擔當付款之本票。但匯票及本票以定日付款者為限。

第十二條（應記載事項及受款人記載方式）
電子票據之應記載事項與實體票據同。但受款人之欄位不得空白，且以單一受款人為限，其記載方式分為下列二種：

一、記載受款人身分識別碼者。

二、記載受款人指定帳號者（以下簡稱指定帳號電子票據）。

電子票據除前項應記載事項外，得另加註電子信箱號碼。

第十三條（簽章方式）
電子票據之簽名或蓋章，應以數位簽章為之。

第十四條（禁止更改）
發票人於電子票據經付款行驗符各項要件後，不得變更票據內容。

電子票據集中登錄保管之各項登錄，一經傳送往來金融業者驗符各項要件後，即不得變更內容。

第十五條（幣別）
電子票據以新臺幣付款者為限。但經主管機關核定以外國貨幣付款之票據，不在此限。

相關表格

正式背書及空白背書

記名背書(一)

被背書人	背書人	年　月　日
李　　四	張三（簽名或蓋章）	111年10月1日
王　　五	李四（同右）	111年10月5日

記名背書(二)

請由右而左順序背書			
	①	票面金額祈付　李　四	背書人：張　三　印 111年10月1日
	②	票面金額祈付　王　五	背書人：李　四　印 111年10月5日
	③	票面金額祈付	背書人：

空白背書

又稱不完全背書、略式背書。背書時，並不記載被背書人，而僅由背書人簽名（至於背書之年月日，可記載亦可不記載）。其樣式如下：

被背書人	背書人	年　月　日
（空白）	張三（簽名或蓋章）	111年10月1日 （或空白）
（空白）	李四（同右）	111年10月5日 （或空白）

背書的連續

背書之連續

(一)

被背書人	背書人	年 月 日
李　　四	張三 [印]	111　10　1
王　　五	李四 [印]	111　10　15
趙　　六	王五 [印]	111　10　25

(二)

票面金額讓與	受款人	
	李　四　　張　三 [印] 111年10月1日	
票面金額讓與		
	王　五　　李　四 [印] 111年10月15日	
票面金額讓與		
	趙　六　　王　五 [印] 111年10月25日	

說明：第一執票人爲張三，轉讓順序：張三→李四→王五→趙六。

背書之不連續

(一)

被背書人	背書人	年 月 日
李　四	張　三	111　10　1
王　五	李　四	111　10　15
孫　七	趙　六	111　10　30

(二)

票面金額讓與	受款人	
	李　四　　張　三 [印]	
票面金額讓與		
	王　五　　李　四 [印]	
票面金額讓與		
	孫　七　　趙　六 [印]	

說明：第一執票人爲張三，轉讓順序：張三→李四→王五→趙六→孫七。但王五
　　　轉讓給趙六時，未在票據背書，所以縱使趙六曾背書轉讓，孫七的票據仍
　　　然是

民事聲請公示催告狀（支票）

案號：　　　年度　　　　　字第　　　　　號

承辦股別：

聲請人　○○○　現住地：□同戶籍地

　　　　　　　　　　　□其他：　　　　　　　郵遞區號：

　　　　　電話：

　　　　　傳眞：

　　　　　電子郵件位址：

　　　　　送達代收人：○○○

　　　　　送達處所：　　　　　　　　　　郵遞區號：

聲請公示催告狀

聲請人　○○○　住

為聲請公示催告事：

　　聲請人（簽發）執有下列支票○張，不慎於民國○○年○月○日被竊／遺失，已通知付款人止付，並向○○○縣（市）政府警察局○○派出所報案。為此依票據法第19條第1項及民事訴訟法第539條規定，聲請貴院准許公示催告。

編號	發票人	付款人	發票日	票面金額 （新臺幣：元）	支票號碼

證物名稱及件數：

　　此　致

○○○○○○法院　　公鑒

中　華　民　國　　○　○　　年　　○　○　　月　　○　○　　日

　　　　　　　　　　具狀人　　○○○　　（簽名蓋章）

　　　　　　　　　　撰狀人　　○○○　　（簽名蓋章）

除權判決聲請狀

聲請人　○○○　住

為聲請除權判決事

　　　　應受判決事項之聲明

請求判決持有　　　　　所簽發之　合作社　　分行　票號
　　　　　　　　　　　　　　　　銀　行　　支社

　面額新臺幣

發票日　　　年　　　月　　　日期之支票為無效。（註）

　　　　事實及理由

聲請人前因遺失上開之支票，經　鈞院　　　年度催字第　　　　號裁定
公示催告在案，並已於○○年○月○日公告於鈞院網站（見下載公告頁面），今
其申報權利期間已經屆滿，並無任何人出面主張權利，足證此一支票確為聲請人
所遺失，且係所有，為特狀請准將該支票為除權判決，以保權益。

證件名稱：鈞院網站頁面

　　　謹　　狀

○○○○地方法院

註：此為單張票據寫法，如為多張票據，可記載「請求判決附表所列票據無
　　效」。

中　華　民　國　　○○　　年　　○○　　月　　○○　　日

　　　　　　　　　　　　　　　　具狀人　　○○○

262

本票許可執行聲請狀

聲請人（債權人）　○○○　住
相對人（債務人）　○○○　住

爲聲請本票許可強制執行事

　　　　　　聲請裁定事項

一、請求准許債務人於　　　　年　　　　月　　　　日簽發本票乙紙，金額新
　　臺幣　　　　元正，及自　　　　年　　　　月　　　　日（到期日）起按
　　週年利率百分之六計算之利息，准予強制執行。

二、聲請費用由債務人負擔。

　　　　　　事實及理由

一、緣聲請人執有債務人於　　　　年　　　　月　　　　日簽發於　　　　年
　　　　　月　　　　日到期本票乙紙新臺幣　　　　元正，利息按年息
　　分　　　釐計算，票面並載免除作成拒絕證書，於到期日經聲請人請求付款而
　　未獲兌現。

二、按在票據上簽名者依其所載文義負責，爲票據法上所明定，爲此依票據法第
　　123條規定懇請　鈞院裁定准予強制執行，以維法益，實爲德便。

　　謹　　狀
○○○○法院

中　華　民　國　○○　年　○○　月　○○　日

具狀人　　　○○○
263

PART5

附
錄

假扣押聲請狀

聲請人（債權人）　　○○○　　住
相對人（債務人）　　○○○　　住

聲請假扣押狀

請求事項

一、准債權人提供擔保後得就債務人所有財產於新臺幣　　　　　　元之範圍內
　　予以假扣押。

二、聲請費用由債務人負擔。

假扣押之原因

債務人滯欠債權人　　　　　款新臺幣　　　　　元迄不給付，近聞債務人
正將所有財產搬移隱匿，爲保全執行起見，願供擔保以代釋明，爲此聲請准將債
務人所有財產在新臺幣　　　　　元範圍內予以假扣押以資保全。

　　謹　　狀
○○○○法院

中　華　民　國　　○○　　年　　○○　　月　　○○　　日

具狀人　　　○○○

264

假處分聲請狀

聲請人（債權人）　〇〇〇　住
相對人（債務）　〇〇〇　住

爲聲請假處分裁定事

　　　　　請求事項

債權人以新臺幣　　　　　元爲債務人供擔保後，債務人就附表所列票據，於本案判決確定以前不得向付款人請求付款及轉讓與第三人，並應將票據交由執行人員記載此項事由。

程序費用由債務人負擔。

　　　　　事實理由

債務人於民國　　　年　　　月　　　日拾得以〇〇理由（說明經過）詐得債權人之附表支票乙紙，經債權人催討不還，爲防止該支票向付款人提示或轉讓，願供擔保請求爲假處分，聲請人願提供擔保以代釋明聲請准予假處分以資保全。

　　謹　狀
〇〇〇〇法院

發票人	付款人	帳號	票據號碼	面額（新臺幣）	到期日	票據種類

中　華　民　國　〇〇　年　〇〇　月　〇〇　日
　　　　　　　　　　　　　　　　　　具狀人　　　〇〇〇

民事請求發還擔保聲請狀

聲請人　○○○　住
相對人　○○○　住

為聲請裁定返還擔保金事

一、鈞院　　　　年度　　　　字第　　　　　　　　號聲請人與相對人間
　　事件，業經判決確定在案，聲請人前依鈞院　　　　年度全字第
　　號假扣押（假處分）裁定提供擔保新臺幣　　　　　　元（鈞院　　　年
　　度存字第　　　　　　號）。

二、茲以聲請人已於訴訟終結後定20日以上之期間催告相對人階使權利而未行使
　　應供擔保之原因業已消滅，為此檢附提存書正本、假扣押（假處分）裁定書
　　影本、郵局存證信函各1件、判決書影本、確定證明書一件，狀請鑒核裁定
　　准予返還擔保金。

　　　　謹　　　狀
○○○○法院

中　華　民　國　○○　年　○○　月　○○　日

　　　　　　　　　　　　　　具狀人：

強制執行聲請狀

案號：

訴訟標的全部

債權人　○○○　　住

債務人　○○○　　住

　　聲請內容

債務人應給付債權人新臺幣○○元，及自民國　　　年　　　月　　　日起至消償日止，按年息百分之五（六）計算利息及執行費用。

為聲請強制執行事：

　　執行名義

鈞院○○年度上訴字第○○號判決

　　執行標的

座落本市○○段○○小段第○○號土地暨地上建物即○○市○○路○段○○號○樓。

　　執行理由

相對人於○○年○月○日向聲請人借用新臺幣壹佰萬元約定利息為○○○○，違約金為○○○○，清償期為○○年○月○○日，茲已屆期，相對人仍不清償債務，並經聲請人取得勝訴判決確定，為此聲請對債務人財產執行，以資受償。

　　附件

1. 法院確定判決

2. 債務人財產資料

　　　　　　　謹呈

.

臺灣○○地方法院民事執行處　公鑒

267

參加分配聲請狀

案號：　　　　年度　　　　　字第　　　　　號　　　（股別）

聲請人
（債權人）　○○○　住

相對人
（債務人）　○○○　住

爲就張○○與李○○間清償債務強制執行事件，聲明參與分配事：

　　聲明事項

請准以新臺幣○○○○元及自○○年○月○日起至清償日止按週年百分之六計算之利息，就　鈞院○○年度執字第○○號強制執行事件參與分配。

　　聲明理由

緣相對人李○○於○○年○月○日簽發新臺幣80萬元之支票乙紙，向聲明人調取同額之現款，約定一年後清償，惟屆期竟避不見面，經聲明人取得勝訴判決後，近聞悉其不動產業經　鈞院查封準備進行拍賣，而相對人除已查封之坐落○○段○○小段○○地號土地及其上之建物本市○○路○段○號房屋外，別無其他財產足供清償債務，爲此聲明參與分配。

附件：法院判決正本或債權憑證

　　　　　　謹呈

臺灣○○地方法院民事執行處　公鑒

支付命令聲請狀

爲聲請發支付令事

　　　請求標的

一、債務人應給付債權人新臺幣五萬元及自民國111年6月1日起至清償日止，按
　　年息百分之六（註）計算之利息。

二、督促程序費用由債務人負擔。

　　　事實及理由

債權人持有債務人張三簽發本票面額新臺幣5萬元之本票一張，詎屆期經提示無
法兌現，雖經一再催索，均置之不理。爲此狀請　鈞院對債務人發支付命令促其
清償，以保權益。

　　　謹　狀

臺灣臺北地方法院民事庭　公鑒

證人姓名及其住居所	
證物名稱及件數	本票影本一紙。
中華民國　　　　　　年　　　　　　月　　　　　　日	

　　　　　　　　　　　　　　　　具狀人：趙　五　印
　　　　　　　　　　　　　　　　撰狀人：

註：票據法第28條第2項規定：「利率未經載明時，定爲年利六釐。」

給付票款起訴狀

原告　張三　住

被告　李四　住

被告　王五　住

為請求給付票款提起訴訟事

　　　　　訴之聲明

被　告　應
　　　　　　　給付原告新臺幣　　　　　元，及自民國　　年　　月　　日起
被告應連帶

至清償日止，按年利率百分之六計算之利息。

　　　　　　被告負擔
訴訟費用由　　　　　　　　　　。　請准宣告假執行。
　　　　　　被告連帶負擔

　　　　　　　　　　　　　如附表所示支票　　　紙

原告執有被告　　　簽發之　民國　　年　　月　　日付款人

票面金額為新臺幣（下同）　　　元之第　　號支票　　紙，由其餘被告為背

書，經於　　年　　月　　日提示付款不獲支付，為此本於票據關係，請求　鈞

院判決如聲明。

　　　　　事實及理由

　　　謹　　狀

臺灣○○地方法院民事庭　公鑒

證據：提出支票及退票理由單各　　紙為證。

中華民國　　　　年　　○　　月　　○　　日

具狀人：○○○

說明：一、被告僅一人時，無須記載「連帶」二字。

　　　　二、支票為二、三張以上，可用附表記載。

270

各級法院管轄區域一覽表

<table>
<tr><td rowspan="13">最高法院</td><td rowspan="8">臺灣高等法院</td><td rowspan="2">臺灣臺北地方法院</td><td>（臺北市）
中正區　松山區　信義區　文山區
大安區　萬華區　中山區</td></tr>
<tr><td>（新北市）
新店區　烏來區　深坑區　石碇區
坪林區</td></tr>
<tr><td rowspan="2">臺灣士林地方法院</td><td>（臺北市）
士林區　北投區　大同區　內湖區
南港區</td></tr>
<tr><td>（新北市）
汐止區　淡水區　八里區　三芝區
石門區</td></tr>
<tr><td>臺灣新北地方法院</td><td>（新北市）
土城區　板橋區　三重區　永和區
中和區　新莊區　蘆洲區　三峽區
樹林區　鶯歌區　泰山區　五股區
林口區</td></tr>
<tr><td>臺灣桃園地方法院</td><td>桃園市</td></tr>
<tr><td rowspan="2">臺灣新竹地方法院</td><td>新竹市</td></tr>
<tr><td>新竹縣</td></tr>
<tr><td>臺灣宜蘭地方法院</td><td>宜蘭縣</td></tr>
<tr><td>臺灣基隆地方法院</td><td>基隆市
（新北市）
瑞芳區　貢寮區　雙溪區　平溪區
金山區　萬里區</td></tr>
<tr><td>智慧財產及商業法院</td><td>全國地方法院</td><td></td></tr>
<tr><td rowspan="2">臺灣高等法院花蓮法院</td><td>臺灣花蓮地方法院</td><td>花蓮縣</td></tr>
<tr><td>臺灣臺東地方法院</td><td>臺東縣</td></tr>
<tr><td rowspan="4">臺灣高等法院臺中分院</td><td>臺灣臺中地方法院</td><td>臺中市</td></tr>
<tr><td>臺灣苗栗地方法院</td><td>苗栗縣</td></tr>
<tr><td>臺灣南投地方法院</td><td>南投縣</td></tr>
<tr><td>臺灣彰化地方法院</td><td>彰化縣</td></tr>
</table>

最高法院	臺灣高等法院臺南分院	臺灣雲林地方法院	雲林縣
		臺灣嘉義地方法院	嘉義市
			嘉義縣
		臺灣臺南地方法院	臺南市
	臺灣高等法院高雄分院	臺灣高雄地方法院	（高雄市） 小港區　旗津區　前鎮區　苓雅區 新興區　前金區　三民區　鼓山區 鹽埕區　鳳山區　大寮區　林園區
			太平島
			東沙島
		臺灣橋頭地方法院	（高雄市） 楠梓區　左營區　大樹區　大社區 仁武區　鳥松區　岡山區　橋頭區 燕巢區　田寮區　阿蓮區　路竹區 湖內區　茄萣區　永安區　彌陀區 梓官區　旗山區　美濃區　六龜區 甲仙區　杉林區　內門區　茂林區 桃源區　那瑪夏區
		臺灣高雄少年及家事法院	高雄市
			太平島
			東沙島
		臺灣屏東地方法院	屏東縣
		臺灣澎湖地方法院	澎湖縣
	福建高等法院金門分院	臺灣金門地方法院	金門縣
		臺灣連江地方法院	連江縣

各地方法院簡易庭事務分配區一覽表

法院名稱	簡易庭名稱	事務分配區域
臺灣臺北地方法院	臺北簡易庭	臺北市中正區、萬華區、大安區、中山區、松山區、信義區
	新店簡易庭	臺北市文山區、新北市新店區、坪林區、石碇區、烏來區、深坑區
臺灣士林地方法院	士林簡易庭	臺北市士林區、大同區、北投區、新北市石門區、八里區、淡水區、三芝區
	內湖簡易庭	臺北市內湖區、南港區、新北市汐止區
臺灣新北地方法院	板橋簡易庭	新北市板橋區、永和區、中和區、三峽區、鶯歌區、樹林區、土城區
	三重簡易庭	新北市三重區、蘆州區、新莊區、泰山區、五股區、林口區
臺灣基隆地方法院	基隆簡易庭	基隆市、新北市金山區、萬里區、瑞芳區、平溪區、雙溪區、貢寮區
臺灣桃園地方法院	桃園簡易庭	桃園市桃園區、龜山區、八德區、大溪區、復興區、大園區、蘆竹區
	中壢簡易庭	桃園市中壢區、平鎮區、楊梅區、新屋區、龍潭區、觀音區
臺灣新竹地方法院	新竹簡易庭	新竹市
	竹東簡易庭	新竹縣竹東鎮、芎林鄉、寶山鄉、北埔鎮、峨眉鄉、橫山鄉、五峰鄉、尖石鄉
	竹北簡易庭	新竹縣竹北市、湖口鄉、新豐鄉、新埔鎮、關西鎮
臺灣苗栗地方法院	苗栗簡易庭	苗栗縣
臺灣臺中地方法院	臺中簡易庭	臺中市東區、西區、南區、中區、北區、北屯區、西屯區、南屯區、霧峰區、大里區、太平區、烏日區
	豐原簡易庭	臺中市豐原區、大雅區、潭子區、神岡區、東勢區、石岡區、新社區、和平區
	沙鹿簡易庭	臺中市清水區、沙鹿區、梧棲區、大甲區、大安區、外埔區、后里區、大肚區、龍井區

法院名稱	簡易庭名稱	事務分配區域
臺灣南投地方法院	南投簡易庭	南投縣南投市、草屯鎮、中寮鄉、集集鎮、名間鄉、竹山鎮、鹿谷鄉、信義鄉、水里鄉
	埔里簡易庭	南投縣埔里鎮、國姓鄉、仁愛鄉、魚池鄉
臺灣彰化地方法院	彰化簡易庭	彰化縣彰化市、伸港鄉、線西鄉、和美鎮、花壇鄉、芬園鄉、鹿港鎮、福興鄉、秀水鄉
	員林簡易庭	彰化縣員林鎮、永靖鄉、溪湖鎮、埔鹽鄉、埔心鄉、大村鄉
	北斗簡易庭	彰化縣二林鎮、竹塘鄉、大城鄉、芳苑鄉、北斗鎮、田尾鄉、埤頭鄉、溪州鄉、田中鎮、社頭鄉、二水鄉
臺灣雲林地方法院	虎尾簡易庭	雲林縣虎尾鎮、土庫鎮、褒忠鄉、元長鄉、西螺鎮、二崙鄉、崙背鄉
	北港簡易庭	雲林縣臺西鄉、東勢鄉、麥寮鄉、四湖鄉、北港鎮、水林鄉、口湖鄉
	斗六簡易庭	雲林縣斗六市、林內鄉、莿桐鄉、斗南鎮、大埤鄉、古坑鄉
臺灣嘉義地方法院	嘉義簡易庭	嘉義市、嘉義縣民雄鄉、大林鎮、溪口鄉、新港鄉、竹崎鄉、梅山鄉、阿里鄉、水上鄉、中埔鄉、番鄉、大埔鄉
	朴子簡易庭	嘉義縣朴子鎮、東石鄉、六腳鄉、義竹鄉、布袋鎮、太保市、鹿草鄉
臺灣臺南地方法院	臺南簡易庭	臺南市東區、南區、北區、安南區、安平區、中西區、歸仁區、仁德區、關廟區、龍崎區
	新市簡易庭	臺南市永康區、新市區、新化區、山上區、左鎮區、玉井區、楠西區、南化區、善化區、大內區、安定區
	柳營簡易庭	臺南市佳里區、西港區、七股區、麻豆區、下營區、六甲區、官田區、學甲區、北門區、將軍區、白河區、東山區、後壁區、鹽水區、柳營區、新營區

法院名稱	簡易庭名稱	事務分配區域
臺灣高雄地方法院	高雄簡易庭	高雄市鹽埕區、鼓山區、三民區、新興區、前金區、苓雅區、前鎮區、旗津區、小港區、太平島、東沙島
	鳳山簡易庭	高雄市鳳山區、林園區、大寮區
臺灣橋頭地方法院	橋頭簡易庭	高雄市橋頭區、左營區、楠梓區、大樹區、烏松區、大社區
	岡山簡易庭	高雄市岡山區、燕巢區、永安區、彌陀區、梓官區、路竹區、阿蓮區、湖內區、茄萣區、田寮區
	旗山簡易庭	高雄市旗山區、美濃區、內門區、甲仙區、杉林區、六龜區、那瑪夏區、桃源區、茂林區
臺灣屏東地方法院	屏東簡易庭	屏東縣屏東市、長治鄉、麟洛鄉、萬丹鄉、里港鄉、高樹鄉、鹽埔鄉、九如鄉、三地門鄉、霧台鄉
	潮州簡易庭	屏東縣潮州鎮、萬巒鄉、竹田鄉、內埔鄉、新埤鄉、泰武鄉、來義鄉、瑪家鄉、東港鎮、林邊鄉、南州鄉、新園鄉、琉球鄉、崁頂鄉、枋寮鄉、佳冬鄉、春日鄉、獅子鄉、坊山鄉、牡丹鄉、恆春鎮、車城鄉、滿州鄉
臺灣臺東地方法院	臺東簡易庭	臺東縣臺東市、綠島鄉、蘭嶼鄉、卑南鄉、關山鎮、池上鄉、鹿野鄉、延平鄉、海端鄉、大武鄉、達仁鄉、太麻里鄉、金峰鄉、成功鎮、東河鄉、長濱鄉
臺灣花蓮地方法院	花蓮簡易庭	花蓮縣花蓮市、新城鄉、秀林鄉、吉安鄉、壽豐鄉、鳳林鎮、光復鄉、萬榮鄉、豐濱鄉
	玉里簡易庭	花蓮縣玉里鎮、富里鄉、卓溪鄉、瑞穗鄉
臺灣宜蘭地方法院	簡易庭	宜蘭縣宜蘭市、員山鄉、礁溪鄉、頭城鎮、壯圍鄉
	簡易庭	宜蘭縣羅東鎮、冬山鄉、五結鄉、蘇澳鄉、南澳鄉、三星鄉、大同鄉
臺灣澎湖地方法院	簡易庭	澎湖縣馬公市、湖西鄉、白沙鄉、西嶼鄉、七美鄉、望安鄉
福建金門地方法院	簡易庭	金門縣金城鎮、金湖鎮、金沙鎮、金寧鄉、烈嶼鄉、烏坵鄉
福建連江地方法院	簡易庭	連江縣南竿鄉、北竿鄉、莒光鄉、東引鄉

國家圖書館出版品預行編目資料

票據簽發與收受Q&A／陳世雄著.--初
　版--.--臺北市：書泉出版社,2023.01
　面；　公分
ISBN 978-986-451-289-8（平裝）

1.CST：票據法規

587.4　　　　　　　111018126

3SF9　法律相談室 Q&A 09

票據簽發與收受Q&A

作　　者 ─ 陳世雄（262.9）

發 行 人 ─ 楊榮川

總 經 理 ─ 楊士清

總 編 輯 ─ 楊秀麗

副總編輯 ─ 劉靜芬

責任編輯 ─ 林佳瑩、許珍珍、呂伊真

封面設計 ─ 姚孝慈

出 版 者 ─ 書泉出版社

地　　址：106台北市大安區和平東路二段339號4

電　　話：(02)2705-5066　　傳　　真：(02)2706-61

網　　址：https://www.wunan.com.tw

電子郵件：shuchuan@shuchuan.com.tw

劃撥帳號：01303853

戶　　名：書泉出版社

總 經 銷：貿騰發賣股份有限公司

電　　話：(02)8227-5988　傳　　真：(02)8227-5

網　　址：www.namode.com

法律顧問　林勝安律師事務所　林勝安律師

出版日期　2023年 1 月初版一刷

定　　價　新臺幣400元

經典永恆・名著常在

五十週年的獻禮——經典名著文庫

五南，五十年了，半個世紀，人生旅程的一大半，走過來了。

思索著，邁向百年的未來歷程，能為知識界、文化學術界作些什麼？

在速食文化的生態下，有什麼值得讓人雋永品味的？

歷代經典・當今名著，經過時間的洗禮，千錘百鍊，流傳至今，光芒耀人；

不僅使我們能領悟前人的智慧，同時也增深加廣我們思考的深度與視野。

我們決心投入巨資，有計畫的系統梳選，成立「經典名著文庫」，

希望收入古今中外思想性的、充滿睿智與獨見的經典、名著。

這是一項理想性的、永續性的巨大出版工程。

不在意讀者的眾寡，只考慮它的學術價值，力求完整展現先哲思想的軌跡；

為知識界開啟一片智慧之窗，營造一座百花綻放的世界文明公園，

任君遨遊、取菁吸蜜、嘉惠學子！